SPAN
235.3
SIN

MAR 2 2 2012

DATE DUE

	APR 1 0 2012		
	MAY 1 4 2012		
	FEB 8 2013		
	OCT 1 6 2013		
OCLC: ROUND LAKE LIB.			
RI: 168033369			
OCLC: ROUNDLAKE LB			
RI: 172113695			
NOV 2 5 2017			

Demco, Inc. 38-293

Los 72 ángeles
la luz del universo

Tamara Singer

Los 72 ángeles la luz del universo

*Cómo hacerte amigo
de tu ángel celestial*

EDICIONES OBELISCO

Si este libro le ha interesado y desea que le mantengamos informado de nuestras publicaciones, escríbanos indicándonos qué temas son de su interés (Astrología, Autoayuda, Ciencias Ocultas, Artes Marciales, Naturismo, Espiritualidad, Tradición...) y gustosamente le complaceremos.

Puede consultar nuestro catálogo en www.edicionesobelisco.com

Colección: Angelología
LOS 72 ÁNGELES, LA LUZ DEL UNIVERSO.
CÓMO HACERTE AMIGO DE TU ÁNGEL CELESTIAL
Tamara Singer

1ª edición: noviembre de 2004
3ª edición: septiembre de 2007

Diseño de cubierta: *Michael Newman*

© 2004, Tamara Singer
(Reservados todos los derechos)
© 2004, Ediciones Obelisco, S.L.
(Reservados todos los derechos para la presente edición)

Edita: Ediciones Obelisco, S.L.
Pere IV, 78 (Edif. Pedro IV) 3ª planta 5ª puerta
08005 Barcelona-España
Tel. 93 309 85 25 - Fax 93 309 85 23
Paracas 59   Buenos Aires   C1275AFA   República Argentina
Tel. (541 -14) 305 06 33   Fax (541 -14) 304 78 20
E-mail: obelisco@edicionesobelisco.com

ISBN: 978-84-9777-151-1
Depósito Legal: B-43.300-2007

Printed in Spain

Impreso en España en los talleres gráficos de Romanyà/Valls, S.A.
de Capellades (Barcelona).

Ninguna parte de esta publicación, incluso el diseño de la cubierta, puede ser reproducida, almacenada, transmitida o utilizada en manera alguna ni por ningún medio, ya sea electrónico, químico, mecánico, de grabación o electrográfico, sin el previo consentimiento por escrito del editor.

In manibus portabunt te,
ne forte offendas
ad lapidem pedem tuum.

[Los ángeles te llevarán
en sus manos
para que tu pie no tropiece
con ninguna piedra.]

(Salmo 90, 12)

Presentación

Los ángeles: un denominador común de todas las religiones del mundo

Los ángeles no son entidades que pertenezcan en exclusiva a una única visión teológica. Los ángeles, espíritus celestiales, mensajeros de Dios y seres superiores a los hombres, se hallan presentes absolutamente en todas las religiones del mundo, incluso en las creencias religiosas más primitivas. Los ángeles o démones aparecen designados con nombres distintos en todas y cada una de las realidades sacrales en las que aparecen seres intermedios o incluso intermediarios entre los dioses y los hombres.

Los ángeles: un denominador común de todas las religiones del mundo

Intermedios e intermediarios

Platón en el *Fedro* (246e) presenta a Zeus rodeado de dioses y démones; Proclo en el *Timeo* (290c) afirma que cualquier dios se halla siempre rodeado de démones; también los ángeles órficos rodean siempre el trono de la divinidad.

los 72 ángeles

la luz del universo

Guardianes de los hombres

Los démones tanto buenos como malos vinculados a un hombre concreto al que custodian y orientan aparecen en autores clásicos como Píndaro, e incluso en la religiosidad sumeria, babilonia, egipcia. Posteriormente, los encontraremos entre los estoicos y los neoplatónicos.

Compañeros en el viaje al Hades o más allá

Los démones además cumplen también la misión de acompañar al hombre a lo largo de la vida y muy especialmente durante el viaje hacia el Hades, el más allá o la mansiones etéreas. Este acompañamiento por parte del demon es la llamada «misión psicopómpica».

Pero es quizá en Occidente donde los ángeles tienen una mayor presencia y desempeñan un papel fundamental en las cosmologías de las tres grandes religiones monoteístas, las llamadas religiones del Libro: el judaísmo, el cristianismo y el Islam.

Judaísmo. En el judaísmo los ángeles se encuentran junto al trono de gloria y glorifican a Elohim al que sirven y del que son intermediarios y mensajeros. Los dos libros sagrados por excelencia, el Talmud y el Tanaj (la Biblia hebrea) les dedican páginas memorables.

Cristianismo. En la Biblia cristiana los ángeles aparecen en infinidad de ocasiones tanto en el Antiguo Testamento (Libro de Tobías) como en el Nuevo.[1] De hecho

---

1. Como decía Gregorio Magno: «casi todas las páginas de los libros sagrados testifican que los ángeles y los arcángeles existen» (Homilía 34 in Evang., 7: PL 76, col. 1249).

los ángeles aparecen en los momentos de mayor trascendencia de la vida de Cristo: la anunciación de Gabriel a María (Lucas 1, 31), el nacimiento de Jesús (Mateo 2, 13), las tentaciones del desierto antes de iniciar la vida pública, la ascensión y la resurrección.

Si bien desde los inicios del cristianismo se les rindió culto, la Iglesia Católica confirmó la existencia de los ángeles en el 1215 en el IV Concilio de Letrán y les ha otorgado un lugar privilegiado en toda su teología especialmente a partir de la teología escolástica de Santo Tomás de Aquino —conocido precisamente como el Doctor Angélico— que fue quien trazó las grandes directrices de toda la angelología teológica. En el seno del cristianismo los ángeles se consideran seres inteligentes, creados por Dios y que colaboran como mensajeros en el ejercicio de la Providencia.

Libros apócrifos. También en los libros apócrifos[2] (textos que no fueron aceptados por los Padres de la Iglesia como libros canónicos) aparece una gran cantidad de información sobre los ángeles. Entre los principales apócrifos que tratan acerca de los ángeles, además del *Testamento de Leví* y *El libro de los Jubileos* destaca, sin duda, el *Libro de Henoch* del s. II aC. En el *Libro de Henoch* (conocido como «el hombre que decía la verdad»), éste viaja por los diez cielos y explica su visión de los ángeles y los describe como seres provistos de seis alas (*Henoch* 51, 1; *2 Henoch* 19, 6 y 21, 1) con varios ojos (*Henoch* 51, 1) son

presentación

Los ángeles en los libros apócrifos.

---

2. Además de *El libro de Henoch*, entre estos bellísimos textos apócrifos destacan textos como: el «Evangelio de los hebreos», «Evangelio de los ebionitas», «Evangelio de los egipcios», «Evangelio de San Pedro», «Evangelio de los Nazarenos», «Evangelio de Santiago» y el relato gnóstico compuesto de 114 agraphas «Evangelio de Tomás».

los 72 ángeles

presentación

jóvenes revestidos de una gran luz y con semblante ardiente (*Henoch* 50,1; 71, 9). Henoch, además, habla también de los ángeles rebeldes (Lucifer o Príncipe de las tinieblas).

Islam. En el Islam los ángeles, los *malakim* (del árabe *malak*) son citados en el Corán donde aparecen como seres creados directamente por Dios, si bien son inferiores al hombre: tras la creación de Adán, Dios ordenó a los ángeles que adoraran al hombre ante lo cual algunos obedecieron y otros, sin duda por orgullo, transgredieron la orden. El Corán cita también a Nakir y Munkar, los conocidos como ángeles de la tumba; Malik, ángel guardián del infierno y Ridwan ángel guardián del paraíso. También aparecen citados otros ángeles y entre ellos los custodios.

Los ángeles en el Islam.

los 72 ángeles

la luz del universo

El por qué y el para qué de este libro

los 72 ángeles

Sin duda la presencia de los 72 ángeles nos resulta imperceptible a la mayoría de los mortales dado que su frecuencia vibratoria es distinta o más sutil que el de nuestros sentidos físicos. Sin embargo, su luz nos envuelve sin que seamos conscientes de ella y los ángeles nos suministran sutilmente la energía cósmica que necesitamos para vencer cuantos desánimos y dificultades pudieran presentarse en nuestra vida. Lo verdaderamente importante es que cada uno aprenda a contactar de un modo voluntario y consciente con los ángeles. De este modo aprenderá a conocerlos y tratarlos en profundidad y a acudir a ellos diariamente.

presentación

En el presente libro el lector hallará respuesta a las muchas preguntas que con frecuencia nos planteamos acerca de los ángeles:

Respuestas a las preguntas más frecuentes acerca de los ángeles.

— ¿Quiénes son y cómo son los ángeles?
— ¿Cuántos tipos de ángeles existen?
— ¿Por qué hablamos precisamente de 72?
— ¿Cómo podemos percibir su presencia?
— ¿Cómo podemos contactar con ellos?
— ¿Cuáles son los dones que otorga cada ángel?

Para facilitar la consulta, el lector encontrará una completa tabla anual en la que se especifica para cada día del año qué ángel le corresponde. De este modo simplemente consultando el día de nacimiento conocerá de inmediato cuál es el ángel que le está asignado. Luego, en cada uno de los apartados, se presenta una ficha completa de todos y cada uno de los 72 genios o ángeles cabalísticos con la siguiente información detallada:

los 72 ángeles

la luz del universo

los 72 ángeles

presentación

– Nombre y su significado etimológico.
– Coro al que pertenece.
– Días de regencia.
– Regencia zodiacal.
– Características de las personas nacidas bajo su influencia.
– Favores y dones que otorga.

Pero además de nuestro ángel particular que podremos conocer mediante la fecha de nacimiento (véase la tabla de la págs. 51-53), el lector hallará también el ángel que corresponde a cada día de la semana, el ángel que ocupa cada grado del zodíaco, indicaciones prácticas para contactar con el ángel mediante visualizaciones, meditaciones y un buen número de plegarias.

Primera parte

Los ángeles

Cómo llegar a conocerlos,
sentirlos y amarlos

1

¿Qué son los ángeles?

Etimológicamente la palabra «Ángel» procede del hebreo *malakh* que significa la cara oculta de Dios o mensajero de Dios. En griego el término «Angelos» significa «mensajero de Dios». Los textos griegos como la *Ilíada*, la *Odisea* o los escritos de Heródoto, confirman reiteradamente que los angelos eran los enviados, los mensajeros, ya fueran hombres o divinidades.

Por otra parte, en el mundo griego existían también los daimones, que eran quienes distribuían lo bueno o lo malo que corresponde a cada persona. Así pues, antiguamente se denominaba a cualquier entidad celeste como *daimon* y de ahí que Sócrates afirmara tener un *daimon* que le aconsejaba y con quien conversaba. Ángel y *daimon* llegaron a ser sinónimos.

Los ángeles: ¿qué son?

los 72 ángeles

la luz del universo

los ángeles, cómo llegar a conocerlos, sentirlos y amarlos

Más tarde, a partir del término griego *daimon* se distinguió entre ángeles y demonios. Así, Agustín de Hipona en su *Ciudad de Dios* (9, 19) distingue entre los démones greco-romanos y los ángeles de otras religiones como el judaísmo. De ahí también que, en otros contextos, más que hablar de ángeles y demonios, algunos autores prefieran hablar de «démones buenos» y «démones malos».[3]

¿qué son los ángeles?

Lo que realmente define qué es un ángel no es tanto su naturaleza como su función o misión. En este sentido el pueblo de Israel utilizaba distintos términos para designar a los ángeles en función de su misión o, por decirlo de algún modo, de su especialidad. Así, los ángeles son llamados *avadim* cuando son «servidores», *tzavah* cuando son ministros y *kdoshim* cuando son «huestes».

Lo que realmente define a un ángel

En esta misma línea, San Gregorio Magno afirmaba que el término «ángeles» hace referencia a su oficio, no a su naturaleza (*angelus nomen est officii, non natura*). Y Agustín de Hipona decía aún más claramente:

---

3. Aunque no tratemos ahora sobre los «démones malos» éstos están también presentes en todas las culturas y religiones bajo denominaciones distintas como «Satanás» (término hebreo que significa «Espíritu acusador y tentador»), «Lucifer» («estrella de la mañana», «luz»), «Diablo» (del griego: «el que separa», «el calumniador»), «Demonio» (del griego daimon) o «Samaël» (del hebreo *Samo*, «el que ciega u oscurece»), Mastema, Beliel, Azazel, Belcebú, Duma Gardel, Sier, Mefistófeles, Asmodeo, etc. Entre los Santo Padres (Orígenes, Agustín de Hipona o Juan Crisóstomo, por ejemplo) está bien documentada la existencia de los ángeles caídos por un pecado de orgullo. Sin embargo, son también muchos los textos no canónicos en los que se habla de los ángeles caídos pero no por un pecado de orgullo sino por un pecado sexual. Así aparece, por ejemplo, en *Libro de los Aniversarios*, *El libro de Henoch*, el *Apocalipsis Siriaco de Baruch* y *El nacimiento de Noé*.

los 72 ángeles

la luz del universo

los ángeles,
cómo llegar
a conocerlos,
sentirlos
y amarlos

¿qué son
los ángeles?

los 72 ángeles

la luz del universo

los ángeles, cómo llegar a conocerlos, sentirlos y amarlos

«Los ángeles son espíritus pero no por ser espíritus son ángeles. Cuando son enviados se denominan ángeles, pues la palabra ángel es nombre de oficio, no de naturaleza. Si preguntas por el nombre de esta naturaleza se te responde que es espíritu; si preguntas por su oficio, se te dice que es ángel: por lo que es, es espíritu; por lo que obra, es ángel».

(Agustín de Hipona, *Enarrationes in Psalmos*, 103ss PL 37, cols. 1348-1349)[4]

¿qué son los ángeles?

El ángel como mensajero está presente en las tradiciones más antiguas: entre los griegos estaba Hermes, de pies alados, el portador de los mensajes entregados por Zeus; los romanos tenían a Mercurio, mensajero alado de Júpiter; los Vedas tenían a Agni el ángel de fuego mensajero entre Cielo y Tierra; en el judaísmo los ángeles son a menudo portadores de mensajes dirigidos a los profetas como Abraham o Daniel; en el cristianismo el arcángel Gabriel es el mensajero que anuncia la Buena Nueva del nacimiento de Jesús; en el Islam, Jibril entregaba los mensajes de Alá a Mahoma.

Los ángeles en las tradiciones antiguas.

Los ángeles son seres de luz,[5] creados por Dios,[6] seres espirituales sutiles, muy cercanos y permanentemente pendientes de cada uno de nosotros. Son nuestros

---

4. «Angelus officcii nomen est, non naturae. Quaeris nomen huius naturae, spiritus est; quaeris officium, ángelus est: ex eo quod est, spiritus est, ex eo quod agit, ángelus».
5. Muchos de los nombres de los ángeles terminan con la forma —el que procede del sumerio y que significa precisamente «brillante», «resplandor» o «el que resplandece». El es, además, uno de los 72 nombres propios de Dios. (Véase nota 8, págs. 27-28.)

los 72 ángeles

la luz del universo

6. «[...] porque en Él fueron creadas todas las cosas del Cielo y de la Tierra, las visibles y las invisibles, los tronos las dominaciones, los principados, las potestades; todo fue creado por Él y para Él» (Colosenses 1, 16-17).

guardianes, guías, amigos y confidentes invisibles que con enorme sutileza nos protegen, nos enseñan y nos guían.

los ángeles, cómo llegar a conocerlos, sentirlos y amarlos

La misión de los ángeles es cuidar y velar por el hombre, especialmente por los niños

Los ángeles son seres inteligentes, espirituales, etéreos y sutiles que han sido creados por Yavé para servirle a Él y a los hombres. La misión de los ángeles es, pues, la de ayudarnos a los hombres a transformarnos, evolucionar y acercarnos a nuestro Creador. La Biblia deja clara constancia de las misiones de los ángeles.

¿qué son los ángeles?

– Son mensajeros de Dios a favor de los hombres (Hebreos 1, 13-14);
– Comunican el Cielo con la Tierra (Génesis 28, 12);
– Presentan ante el Trono de Gloria las peticiones y las alabanzas de los hombres (Apocalipsis 8, 2-4);
– Guían e interpelan al hombre a seguir el camino (1 Reyes 19, 5ss);
– Se alegran ante el arrepentimiento del hombre (Lucas 15, 10);
– Salvan al hombre de las tribulaciones (Hechos de los Apóstoles 5, 19 y 12, 7);
– Nos muestran el camino (Hechos de los Apóstoles 8, 26);

La misión de los ángeles es cuidar de los hombres, especialmente de los niños.

los 72 ángeles

la luz del universo

23

los ángeles, cómo llegar a conocerlos, sentirlos y amarlos

— Responden a nuestras invocaciones (Hechos de los Apóstoles 10, 3);
— Comunican fielmente los mensajes del Cielo (Hechos de los Apóstoles 27, 23).

¿qué son los ángeles?

Los ángeles te escuchan y atienden a tus peticiones.

Los ángeles fueron creados por Dios para servirle a Él y a los hombres. De modo que por muy materialista que sea el mundo en el que vivimos nuestro ángel hace que cada uno de nosotros tenga un vínculo muy especial con Dios, una línea directa de comunicación. La razón de ser de los ángeles es cuidar de ti escuchándote y atendiendo solícitamente a tus peticiones.

24

2

¿Cuántos ángeles existen?

Según el texto bíblico la cantidad de ángeles es realmente innumerable. Así el profeta Daniel (7, 10) afirma que existen millones de millones de ángeles al servicio de Dios y de los hombres.

La cantidad de ángeles es innumerable.

«Un río de fuego procedía y salía de delante de él, y le servían millares de millares, y le asistían millones de millones. Sentóse el juez y fueron abiertos los libros.»

(Daniel 7, 10)

Su número resulta realmente inconmensurable.[7] Y, según explica el rey el David en el libro de los salmos, existen veinte mil ángeles. En cualquier caso no parece claro cuál sea el número exacto. Sin embargo, algunos autores exponen el siguiente argumento: por una parte los ángeles fueron creados por Dios y tras su creación no se añadió ningún otro ángel y, por otra, los ángeles son

los 72 ángeles

la luz del universo

---

7. Véase Mateo 26, 53 y Hebreos 12,22.

los ángeles, cómo llegar a conocerlos, sentirlos y amarlos

¿cuántos ángeles existen?

seres espirituales no sujetos a la corrupción y por tanto tampoco sujetos a la muerte de modo que su número no crece pero tampoco decrece; luego parece razonable pensar que existen tantos ángeles como hombres han existido y existirán a lo largo de toda la historia de la Tierra.

Los 72 ángeles de la Cábala

En todas las tradiciones del mundo el 72 es un número extraordinariamente poderoso: en Egipto los compañeros de Set eran 72; en la antigua China los discípulos de Confucio fueron también 72. Para los taoístas el 72 es un número sagrado.

Los 72 ángeles de la Cábala.

los 72 ángeles

la luz del universo

26

También en la tradición islámica aparece el 72 pues los mártires de Uhud fueron 72 como también lo fueron los de Karbala.

En la tradición hebrea algunos tratadistas hablan de 72 ángeles pero otros hablan de 70. El origen numérico de los ángeles en el judaísmo parece confuso y en ocasiones controvertido: la Torá habla claramente de las 70 naciones (Génesis 10) que son las 70 lenguas mencionadas reiteradamente en la literatura talmúdica y los traductores de la Torá fueron precisamente 70 (de ahí la denominación de Septuaginta).

En la tradición cabalística los ángeles son precisa y exactamente 72 e incluso el nombre de cada uno de los ángeles se halla estrechamente vinculado con el número 72: el nombre de cada una de estas entidades espirituales o ángeles proviene de tres versículos del libro del Éxodo (Éxodo 14, 19-21): en la versión hebrea cada uno de estos tres versículos está formado precisamente por 72 letras la combinación de las cuales da lugar al nombre de cada una de estas entidades que tiene tres letras del sagrado alfabeto arameo-hebreo.

Pero el número 72 aparece por excelencia en lo referente a los nombres de Dios ya que existen 72 nombres de Yavé[8] y el valor numérico del nombre de Yavé es

¿cuántos ángeles existen?

Incluso los nombres de los ángeles se hallan vinculados al número 72.

los 72 ángeles

la luz del universo

---

8. No mencionaremos aquí los 72 nombres de Yavé por motivos evidentes de espacio y porque ello sería sin duda materia para otro estudio. He aquí, a modo de ejemplo, algunos de los más destacados nombres pro-

¿cuántos ángeles existen?

curiosamente 36, es decir, la mitad de 72. Recuérdese, sin embargo, que en hebreo algunas letras tienen un símbolo específico según se escriban al principio o en medio de la palabra de modo que algunos de los 72 nombres de Dios puede haber alguna diferencia de símbolo aunque se trate de una misma letra según su disposición dentro de la palabra.

Por otro lado, en la tradición de la cábala la cifra 72 designa a la divinidad, al nombre inefable de YHWH: si se sitúa el nombre inefable en un triángulo y luego se suma el valor de las letras restantes (Y + YH + YHW = YHWH) surge entonces la suma $10 + 15 + 21 + 26 = 72$.

Según la cábala hebrea existen 72 atributos o cualidades que rodean el trono de Dios y que se encuentran al servicio de las necesidades de los hombres. Cada uno de estos 72 ángeles o genios cabalísticos está íntimamente relacionado con una energía zodiacal por lo que la plegaria o invocación al ángel debe hallarse siempre dentro de los horarios planetarios adecuados.

La clasificación de los 72 ángeles.

La clasificación de los 72 ángeles

Los ángeles se clasifican entre sí según sus niveles vibratorios, es decir, mediante los 3 niveles o esferas que giran alrededor del Trono de la Gloria. Según la jerarquía

los 72 ángeles

la luz del universo

pios de Yavé: *El* (gran poder), *El Hashamaim* (Dios de los cielos), *Elohá* (Dios divino), *Elohim* (Dios Hacedor y Creador), *Elohim Tzebaot* (Dios de los ejércitos), *Adonai* (Señor o dueño), *Kodesh* (Sagrado, Santo), *Kodesh Hakodashim* (Santo entre los Santos), *Hashem* (Dios, el Nombre), *Yavéeh* (El que es, El eterno), *Eheie Asher eheieh* (denota la preexcelencia de Dios).

los ángeles,
cómo llegar
a conocerlos,
sentirlos
y amarlos

¿cuántos
ángeles
existen?

los 72 ángeles

la luz del universo

los ángeles, cómo llegar a conocerlos, sentirlos y amarlos

¿cuántos ángeles existen?

Los ángeles se estructuran jerárquicamente en 9 coros.

los 72 ángeles

la luz del universo

angélica del seudo-Dionisio (el areopagita)[9] en cada esfera existen 3 grupos o coros de ángeles. Luego los ángeles se estructuran jerárquicamente en 9 coros[10] (desde el coro más cercano a Dios hasta el coro más cercano al hombre y a la realidad física) y en cada coro hay 8 ángeles.

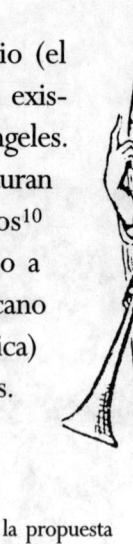

9. Dicha clasificación proviene de la propuesta por Dionisio Areopagita a quien se le atribuye el denominado Corpus dionysiacum o «corpus Areopagiticum» puesto que aparecieron bajo el seudónimo de Dionisio el presbítero lo que hizo pensar que el texto era de un Dionisio ateniense que se convirtió al oír el discurso de San Pablo en el areópago y de ahí que se hable del autor de este corpus como de Dionisio areopagita. Dionisio Areopagita o Seudo-Dionisio expuso la clasificación jerárquica de los ángeles en su obra *De caelesti hierarchia* clasificación que ha influido enormemente en la angelología de todos los siglos posteriores hasta la misma actualidad. El Pseudo-Dionisio inauguró un método teológico de enorme trascendencia histórica: por un lado la afirmación de que en Dios se dan todas las perfecciones en su grado más puro y, por otro, el hecho de predicar de Dios el grado eminente de toda perfección. Siguiendo una línea claramente platónica Dionisio afirma que la iluminación de Dios da lugar a la jerarquía de seres de modo que cada ser queda fijado en una naturaleza y cumple una misión en relación a los demás. Ello aplicado a la angelología significa que unos ángeles iluminan a otros y su naturaleza viene definida por su misión. Ser y bien se identifican de modo que el mal es entendido como la ausencia de ser. (Véase *De coelesti Hierarchia* 6: PG 3, cols. 199-202.) Con todo, algunos autores creen que Dionisio Areopagita asentó esta clasificación pero quien la formuló por vez primera fue San Ambrosio.

10. Sin duda fue Rudolf Steiner quien mejor expuso la relación y el paralelismo entre los órdenes o coros angélicos y los mundos astrales. Véase al respecto Rudolf Steiner: *Los ángeles y el cuerpo astral*, Ediciones Obelisco, Barcelona, (1.ª edición) mayo del 2004.

Estos 9 coros u órdenes aparecen ya en diversas ocasiones en el Nuevo Testamento:[11]

«[...] porque en Él fueron creadas todas las cosas del cielo y de la tierra, las visibles y las invisibles, los tronos, las dominaciones, los principados, las potestades; todo fue creado por Él y para Él.»
(Colosenses 1, 16)

«Que Él ejerció en Cristo, resucitándole de entre los muertos y sentándole a su diestra en los cielos, por encima de todo principado, potestad, virtud y dominación y de todo cuanto tiene nombre.»
(Efesios 1, 21)

Luego los 9 coros u órdenes son:

Primera esfera:
— Serafines;
— Querubines;
— Tronos

Segunda esfera:
— Dominaciones;
— Potestades;
— Virtudes

Tercera esfera:
— Principados;
— Arcángeles;
— Ángeles

los ángeles, cómo llegar a conocerlos, sentirlos y amarlos

¿cuántos ángeles existen?

Los órdenes de los 9 coros se dividen en tres esferas.

---

11. Serafines: Isaías 6, 2; Querubines: Génesis 3, 24; Tronos: Colosenses 1, 16; Dominaciones y Virtudes: Efesios 9, 21; Potestades y Principados: Romanos 8, 38; Arcángeles: Judas 9; Ángeles: Lucas 15, 10.

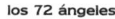
los 72 ángeles

la luz del universo

los ángeles, cómo llegar a conocerlos, sentirlos y amarlos

¿cuántos ángeles existen?

Primera, segunda y tercera esfera.

Primera esfera o tríada

Está formada por los coros de serafines, querubines y tronos; es la más elevada, la que está en comunión directa con Dios. Los ángeles de estos tres coros de la primera esfera reciben la iluminación directamente de Dios.

Segunda esfera o tríada

Dominaciones, potestades y virtudes reciben la iluminación divina no directamente sino a través de los coros de la primera esfera. Al unísono los coros de la segunda esfera transmiten la iluminación divina a los coros de la tercera.

Tercera esfera o tríada

Los ángeles de la tercera esfera, es decir, principados, arcángeles y ángeles, son los que nos transmiten a los hombres la omnipotente luz del Creador.

los 72 ángeles

la luz del universo

Primera esfera

Serafines
Ángeles al servicio de Kether (la corona)

1. Vehuiah
2. Jeliel
3. Sitael
4. Elemiah
5. Mahasiah
6. Lelahel
7. Achaiah
8. Cahetel

Querubines
Ángeles al servicio de Hochmah (la sabiduría)

9. Haziel
10. Aladiah
11. Lauviah
12. Hahaiah
13. Iezalel
14. Mebael
15. Hariel
16. Hekamiah

Tronos
Ángeles al servicio de Binah (la inteligencia)

17. Lauviah
18. Caliel
19. Leuviah
20. Pahaliah
21. Nelkael
22. Yeiayel
23. Melahel
24. Haheuiah

los ángeles, cómo llegar a conocerlos, sentirlos y amarlos

¿cuántos ángeles existen?

Primera esfera: Serafines, Querubines y Tronos

los 72 ángeles

la luz del universo

33

los ángeles,
cómo llegar
a conocerlos,
sentirlos
y amarlos

¿cuántos
ángeles
existen?

Segunda
esfera:
Dominaciones,
Potestades
y Virtudes.

los 72 ángeles

la luz del universo

Segunda esfera

Dominaciones
Ángeles al servicio de Hesed (el poder)

25. Nith-Haiah   26. Haaiah
27. Yerathel   28. Seheiah
29. Reiyel   30. Omael
31. Lecabel   32. Basaría

Potestades
Ángeles al servicio de Gueburah (la fuerza)

33. Yehuiah   34. Lehahiah
35. Chavakiah   36. Menadel
37. Aniel   38. Haamiah
39. Rehael   40. Ieiazel

Virtudes
Ángeles al servicio de Tiphereth (la belleza)

41. Hahahel   42. Mikael
43. Veuliah   44. Ylahiah
45. Sealiah   46. Arial
47. Asaliah   48. Mihael

34

Tercera esfera

Principados
Ángeles al servicio de Netzah (la victoria)

49. Vehuel	50. Daniel
51. Hahasiah	52. Imamiah
53. Nanael	54. Nithael
55. Mebahiah	56. Poyel

Arcángeles
Ángeles al servicio de Hod (la gloria)

57. Nemamiah	58. Yeialel
59. Harahel	60. Mitzrael
61. Umabel	62. Iah-Hel
63. Anauel	64. Mehiel

Ángeles
Ángeles al servicio de Yesod (Fundamento)

65. Damabiah	66. Manakel
67. Eyael	68. Habuhiah
69. Rochel	70. Jabamiah
71. Haiaiel	72. Mimiah

los ángeles, cómo llegar a conocerlos, sentirlos y amarlos

¿cuántos ángeles existen?

Tercera esfera: Principados, Arcángeles y Ángeles.

los 72 ángeles

la luz del universo

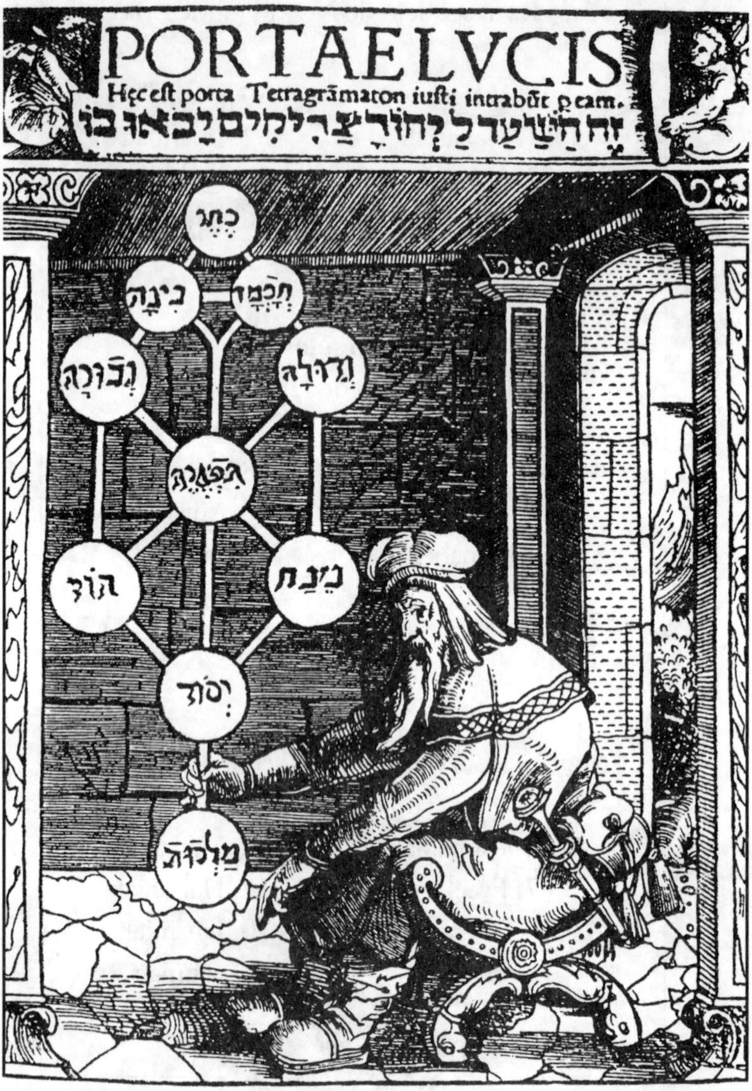
PORTAE LVCIS
Hęc est porta Tetragrãmaton iusti intrabũt p eam.
זה השער ליהוה צדיקים יבאו בו
כתר
בינה
חכמה
גבורה
גדולה
תפארת
הוד
נצח
יסוד
מלכות

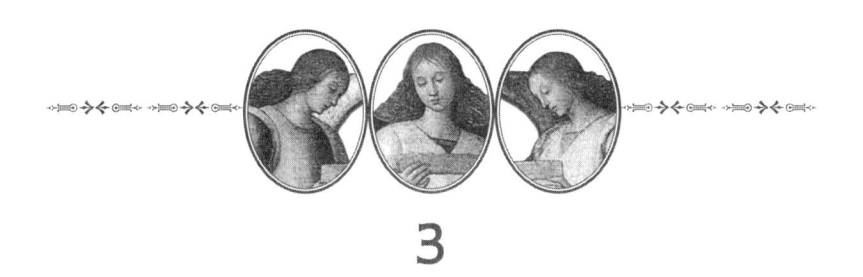

3

El Árbol de la Vida

La angelología de la comunidad esenia

Según algunos tratadistas escribir acerca de los ángeles significa tratar uno de los secretos más preciados por la comunidad Esenia,[12] una comunidad que data de los tiempos de Moisés. Se cree que fueron los esenios los primeros que se dedicaron al estudio de los ángeles.

Según los textos hallados en 1947 en Qumrán (junto al Mar Muerto) dicha comunidad creía que cada hombre posee tres ángeles guardianes e incluso en algunos casos cinco ángeles. El centro de la creencia de esta comunidad era el Árbol de la Vida cuyas raíces se enraizaban en la Tierra y sus siete ramas llegaban hasta el Cielo. Estas siete ramas se corresponden con las siete mañanas y las siete noches de la semana y con los siete arcángeles. De ahí que los esenios relacionaran los siete arcángeles con los siete días de la semana:

La angelología en la comunidad esenia.

los 72 ángeles

la luz del universo

---

12. Véase *El libro esenio de meditaciones y bendiciones*, Ediciones Obelisco, Barcelona, junio de 2004.

los ángeles, cómo llegar a conocerlos, sentirlos y amarlos

Domingo	Miguel	ángel de la Tierra
Lunes	Gabriel	ángel de la Vida
Martes	Camael	ángel de la Alegría
Miércoles	Rafael	ángel del Sol
Jueves	Zadkiel	ángel del Agua
Viernes	Anael	ángel del Aire
Sábado	Casiel	ángel de la Justicia

el árbol de la vida

Esta cosmología macro y microcósmica de la comunidad esenia puede perfectamente relacionarse con el otro árbol de la vida, el árbol custodiado por el querubín.

Plan semanal para vivir en armonía con la Tierra y con tu ángel

Plan semanal para vivir en armonía.

los 72 ángeles

la luz del universo

Los esenios daban una gran importancia al hecho de que la vida espiritual no fuera algo desligado de la vida material. La vida espiritual debía estar en íntima comunión con la vida de la carne y para ello realizaban armonizaciones diarias de modo que podían unir el espíritu con la mente y con el cuerpo físico. Para unirse bien con la Tierra y con la Madre Naturaleza, los esenios realizaban meditaciones para cada día de la semana.

38

He aquí un plan semanal para vivir en unión con la naturaleza y en armonía con el ángel de la semana:

Sábado	*Día consagrado:*	a la buena consciencia
	Práctica:	ayuno
	Ángel:	Casiel (ángel de la Justicia)
Domingo	*Día consagrado:*	al cuidado de la Tierra
	Práctica:	trabajo creativo en el jardín
	Ángel:	Miguel (ángel de la Tierra)
Lunes	*Día consagrado:*	al silencio
	Práctica:	un rato de meditación en silencio
	Ángel:	Gabriel (ángel de la vida)
Martes	*Día consagrado:*	a la contemplación de la vida y sus dones
	Práctica:	un rato de meditación en silencio
	Ángel:	Camael (ángel de la Alegría)
Miércoles	*Día consagrado:*	al Sol
	Práctica:	Deja que la fuerza y la luz del Sol nutran tu cuerpo. Meditación matinal al salir el Sol.
	Ángel:	Rafael (ángel del Sol)
Jueves	*Día consagrado:*	a la purificación
	Práctica:	baño en atmósfera relajada y contemplativa
	Ángel:	Zadkiel (ángel del Agua)
Viernes	*Día consagrado:*	a la inspiración y espiración del universo
	Práctica:	ejercicios de respiración controlada
	Ángel:	Anael (ángel del Aire)

> los ángeles,
> cómo llegar
> a conocerlos,
> sentirlos
> y amarlos

> el árbol
> de la vida

El árbol de las diez sefiroth de la cábala judía

En la tradición judía, el árbol de los sefiroth es un ideograma con el que se representa las diez esencias o sefiroth. En la cábala judía las diez sefiroth son las diez luces de la inteligencia, los diez atributos del Santo, los diez aspectos bajo los cuales se presenta la esencia divina, las diez etapas proféticas, las diez palabras a partir de las cuales Yavé creó el mundo, los diez números que todo lo miden.

Pero además las diez sefiroth representan los poderes, los atributos y las potencias de Yavé. De ahí que en el árbol sefirótico estén también contemplados los nueve coros de ángeles (véase ilustración de la página siguiente).

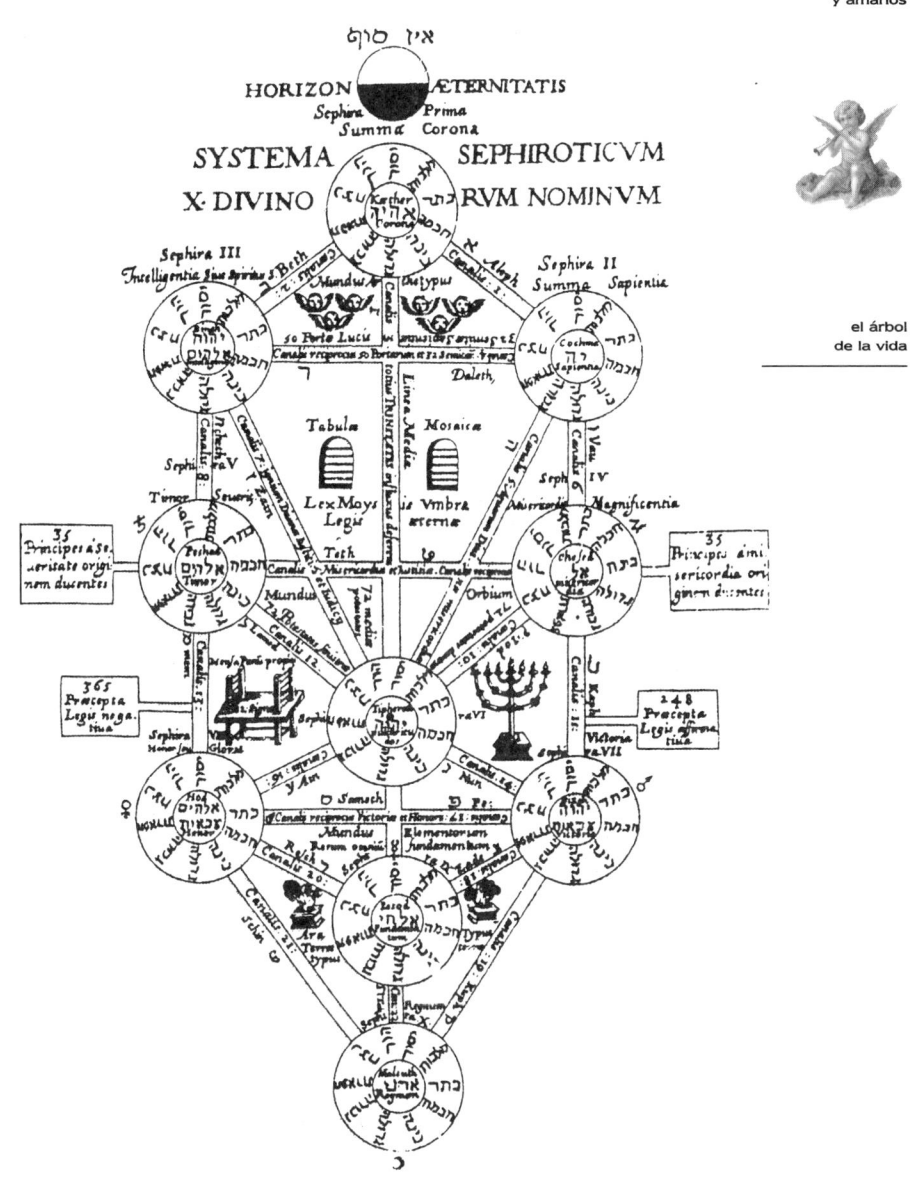

los ángeles,
cómo llegar
a conocerlos,
sentirlos
y amarlos

el árbol
de la vida

4

Los ángeles: seres luminosos llenos de amor por el hombre

Cada uno de estos maravillosos 72 seres alados, cada uno de estos 72 amigos, guías y confidentes están puestos a nuestra disposición para que acudamos a ellos, para expresarles nuestras inquietudes, miedos y afanes y, desde luego, para socorrernos en los momentos de dificultad o de oscuridad tanto espiritual como material. Los ángeles nos observan, nos guían, nos cuidan y nos aman. Ellos están llenos de información práctica y nos aman profundamente. Quizá podría parecernos que están fuera de nuestro alcance. Nada más lejos de la realidad:

Cada uno de los 72 ángeles está puesto a nuestra disposición.

los 72 ángeles

la luz del universo

los ángeles, cómo llegar a conocerlos, sentirlos y amarlos

los ángeles: seres luminosos llenos de amor por el hombre

los ángeles (ángeles custodios, ángeles de la guarda, arcángeles) están siempre cerca de nosotros, podemos percibirlos, conocerlos y, siguiendo su luminosa guía acercarnos a la divinidad.

5

Contactar y conocer a tu propio ángel

Los ángeles son espíritus, es decir, seres invisibles. Pero entonces ¿cómo se comunican con nosotros los hombres? ¿Cómo se nos hacen presentes?

Los ángeles no poseen cuerpo de modo que su presencia no puede estar encerrada por los límites del tiempo y el espacio tal como estamos los hombres. Sin embargo, su presencia responde a la actividad operativa, es decir, el ángel está allí donde opera. Los ángeles son por tanto nuestros bienhechores y son ellos los que con su presencia divina constante y con su ayuda infatigable nos intercomunican con la divinidad más elevada. Los ángeles forman parte del plan divino de la salvación no sólo de la totalidad de la comunidad humana sino también de cada individuo. Podemos, pues, recurrir a la ayuda y el auxilio de los ángeles.

Los ángeles forman parte del plan divino de la salvación de toda la comunidad humana.

los 72 ángeles

la luz del universo

los ángeles, cómo llegar a conocerlos, sentirlos y amarlos

contactar y conocer a tu propio ángel

Los ángeles respetan, ante todo, nuestro libre albedrío.

los 72 ángeles

la luz del universo

LOS ángeles quieren ser parte de tu vida; en todo momento están listos para ayudarte a resolver cada uno de los problemas con los que te enfrentes ya sean grandes o pequeños. Hazle un sitio en tu vida para que pueda entrar tu ángel, y hacer de tu alma su morada y verás cómo tu vida puede llegar a transformarse porque él te conducirá amorosamente hasta el ser divino por excelencia.

Los ángeles se encuentran en todo momento de toda nuestra vida junto a nosotros. Sin embargo, respetan escrupulosamente nuestro libre albedrío, nuestra libertad y nuestra voluntad por lo que jamás determinarán nuestras acciones contra nuestra propia voluntad. Ello significa que creer en ellos es una condición imprescindible para tratar con los ángeles.

Si creemos en los ángeles e incluso si aprendemos a invocarlos y a confiar en ellos entonces nuestra percepción se afinará, nuestras capacidades perceptivas aumentarán su sutileza y podremos, entonces, llegar a escucharlos y tratarlos. Ellos están deseosos de comunicarse con nosotros pero hace falta que también nosotros lo deseemos y pongamos los medios para allanar el camino y favorecer que el contacto con estos maravillosos seres celestiales pueda producirse.

Su modo de comunicarse dependerá de cada persona y de las circunstancias en las que ésta se encuentre aunque, generalmente, es fácil que los ángeles se comuniquen mediante los sueños bajo la forma de un sabio o de una figura venerable que nos ofrece su consejo. Algunas personas con un nivel vibracional elevado han sentido literalmente la presencia de los ángeles; a veces en momentos de invocación o de recogimiento interior bajo la forma de un suave pasar del aire por nuestra espalda, un aroma o perfume atractivo. Cuando somos capaces de captar las sincronicidades que nos ofrece la vida entonces somos también capaces de recibir los sutiles y prácticos mensajes que nos envían los ángeles. Y es entonces también cuando somos capaces de percibir su presencia.

los ángeles, cómo llegar a conocerlos, sentirlos y amarlos

contactar y conocer a tu propio ángel

Los ángeles suelen comunicarse a través de los sueños.

los 72 ángeles

la luz del universo

los ángeles, cómo llegar a conocerlos, sentirlos y amarlos

contactar y conocer a tu propio ángel

Conocer a nuestro ángel significa intimar con nuestro guía del Cielo.

los 72 ángeles

la luz del universo

Reflexión 1

Para conocer y tratar a tu ángel necesitas meditar

Nuestro ser individual y colectivo no sólo entra en contacto con el cosmos mediante el conocimiento, es decir, mediante la mente y la reflexión lógica y a la vez racional sino que entramos en contacto íntimo con el cosmos también (y a veces especialmente) mediante la emoción.

En efecto, con el intelecto los hombres tratamos de que el cosmos sea inteligible. La investigación científica de cuanto rodea la Tierra, el cosmos e incluso el mismo hombre, busca hacer que el cosmos y el mundo espiritual sean para nosotros, hombres del siglo XXI, inteligibles. Sin embargo, es con la emoción como podemos no sólo conocer sino también establecer un contacto muy personal con el cosmos. La emoción la hallamos particularmente en la meditación.

El verbo hebreo «conocer» es un modo de expresar la unión sexual, una unión íntima de los cuerpos por la que dos seres buscan la unión, casi la fusión de sus almas. De hecho la relación íntima entre nuestros primeros padres, la relación de Adán y Eva es expresada por la Biblia en estos términos: «Y Adán conoció a Eva». Luego todo conocimiento es un estado de intimidad; cuando conocemos algo o a alguien ello se convierte en un algo o un alguien estrechamente ligado a nosotros, es ya parte de nosotros, forma parte de nuestra existencia. Así, pues, conocer nuestro ángel celestial significa intimar con él, intimar con nuestro guía del Cielo. El objetivo final es llegar ni más ni menos que a la unidad con el Todo, es decir, alcanzar un estado en el que el yo como algo diferenciado se difumina y se pierde hasta llegar a fundirse con la divinidad.

los ángeles,
cómo llegar
a conocerlos,
sentirlos
y amarlos

contactar
y conocer a tu
propio ángel

La meditación es el mejor medio para expresar tus capacidades espirituales.

¿Para qué necesitamos meditar?

Para tratar y conocer a nuestro ángel, es decir, nuestro punto de contacto más íntimo y directo con Aquel que todo lo hizo.

¿Crees que podrías tener mejor guía que tu ángel? Conocer a tu ángel celestial es todo un lujo que te acercará al Todo, al ser más espiritual, a la Divinidad misma.

Los hombres nos comunicamos mediante la expresión verbal y mediante la acción. Pero no olvides nunca que es mediante la meditación como podrás expresar todas tus capacidades espirituales.

los 72 ángeles

la luz del universo

PARA CONOCER TU ÁNGEL

Tablas según la fecha de nacimiento

Día	Ángel	Día	Ángel
Enero		**Marzo**	
1-5	Nemamiah	1	Habuhiah
6-10	Ieialel	2-6	Rochel
11-15	Harahel	7-11	Jabamiah
16-20	Mitzrael	12-16	Haiayiel
21-25	Umabel	17-21	Mumiah
26-30	Iah-Hel	22-25	Vehuhia
31	Anauel	26-30	Jeliel
		31	Sitael
Febrero		**Abril**	
1-4	Anauel	1-4	Sitael
5-9	Mehiel	5-9	Elemiah
10-14	Damabiah	10-15	Mahasiah
15-19	Manakel	16-20	Lelahel
20-24	Eiael	21-25	Achaiah
25-29	Habuhiah	26-30	Cahetel

Puedes saber cuál es tu ángel por tu fecha de nacimiento.

los 72 ángeles

la luz del universo

los ángeles, cómo llegar a conocerlos, sentirlos y amarlos

Conocer tu ángel

Tabla para saber cuál es tu ángel, según tu fecha de nacimiento.

los 72 ángeles

la luz del universo

Día	Ángel	Día	Ángel
Mayo		**Agosto**	
1-5	Haziel	1-2	Haaiah
6-10	Aladiah	3-7	Ierathel
11-15	Laoviah	8-13	Seheiah
16-20	Hahaiah	14-18	Reyiel
21-25	Iezalel	19-23	Omael
26-31	Mebael	24-28	Lecabel
		29-31	Vasariah
Junio		**Septiembre**	
1-6	Hariel	1-2	Vasariah
7-11	Hekamiah	3-8	Yehuiah
12-16	Lauviah	9-13	Lehaiah
17-21	Caliel	14-18	Chavakiah
22-27	Leuviah	19-23	Menadel
28-30	Pahaliah	24-28	Aniel
		29-30	Haamiah
Julio		**Octubre**	
1-2	Pahaliah	1-3	Haamiah
3-7	Nelchael	4-8	Rehael
8-12	Yieiael	9-13	Ieiazel
13-18	Melahel	14-18	Hahahel
19-23	Haheuiah	19-22	Mikael
24-28	Nith-Haiah	24-29	Veualiah
29-31	Haaiah	30-31	Yelehiah

Día	Ángel	Día	Ángel
Noviembre		**Diciembre**	
1-2	Yelehiah	1-2	Daniel
3-7	Sealiah	3-7	Hahasiah
8-12	Ariel	8-12	Imamiah
13-17	Asaliah	13-17	Nanael
18-22	Mihael	18-22	Nithel
23-27	Vehuel	23-27	Mebabiah
28-30	Daniel	28-31	Poiel

10 Consejos para la comunicación y la visualización

Para comunicarte con los ángeles es necesario alejarse momentáneamente de los quehaceres cotidianos. Probablemente lo idóneo es buscar un lugar tranquilo y preferentemente en la naturaleza. Ahí podrás sentir el olor de la tierra, notar el calor de los primeros rayos del Sol, escuchar el suave susurro del aire o el murmullo de algún arroyo cercano. Es preferible que la meditación y visualización la realices a primera hora de la mañana o bien cuando el sol se pone. Éste es, sin duda, el mejor entorno para la comunicación con los seres celestiales. Sin embargo, no olvides que los ángeles se encuentran junto a ti en todos y cada uno de los instantes y lugares de tu vida, también en el fragor del día y ello hace posible que puedas contactar con ellos en cualquier momento y en cualquier lugar. Probablemente cuanto más te comuniques con tu ángel más sensible serás y por tanto te resultará cada vez más sencillo sentir sus sutiles vibracio-

No olvides que los ángeles están siempre junto a ti para poder comunicarte con ellos.

nes. No olvides además que cada día de la semana tiene asignado un ángel específico.

1. **Aíslate** de cualquier distracción, quédate en silencio en tu lugar favorito y comunícate con los ángeles. Simplemente, háblales de tus problemas y preocupaciones. En ese momento el cuerpo debe estar libre de cualquier tensión.

2. **Habla** como si lo hicieras con tu mejor amigo. Y escucha. Guarda silencio y permanece a la espera de los pensamientos que los ángeles pondrán en tu mente.

3. Obtendrás una respuesta más eficaz si les hablas en voz alta.

4. **Constancia.** Ofrece tus oraciones todos los días.

5. **Pide ayuda.** Incluso después de establecer una relación con los ángeles, tienes que acordarte de pedir ayuda cuando la necesites.

6. **Sé específico.** Cuanto más específica sea la petición, tanto más específica será la respuesta.

7. **Visualiza** lo que quieres que pase. Puede ser de ayuda concentrarte en una fotografía.

8. **Condiciones para ser escuchado.** Los Ángeles escuchan todas las oraciones, pero para que las peticiones sean concedidas deben cumplir tres condiciones:
    a) No pueden interferir con el Plan establecido para tu alma o con tu karma.
    b) No pueden ser perjudiciales para ti u otras personas.
    c) El momento debe ser el adecuado.

9. **Qué pedir.** La oración siempre da frutos, simplemente, tienes que saber dónde mirar. Para cada tema, cuestión o dificultad existe un ángel idóneo y específico.

10. **Sé agradecido.** Al terminar recuerda siempre el espíritu de agradecimiento sincero hacia los seres de luz que atienden tus peticiones.

Oraciones

A través de la oración, nuestra Identidad Humana se convierte en receptora de la fuerza y la esencia del ángel al que te diriges. A partir del momento en que has formulado la súplica, tu Ángel te transmitirá su luz y sus poderes permitiendo así que la petición sea satisfecha.

Son muchas las oraciones vocales que puedes encontrar consultando algún libro, pero recuerda siempre que la mejor oración es aquella que surge de lo más hondo de tu corazón. Proponemos tres posibles oraciones, pero tú sabrás construir mejor tus propias plegarias sentidas, sinceras y adecuadas a tus necesidades concretas.

Oración de petición de ayuda

Gloria a ti, ángel amado y protector,
mensajero del Cielo y consejero,
deseo ser el constructor del inmenso edificio de mi Vida.
Humildemente te ruego que tu incomparable Luz
me defienda y me conduzca por el camino de la Felicidad,
donde mi alma y mi cuerpo puedan fundirse.
Dame la gracia para que mis proyectos y deseos puedan triunfar,
siempre en la más pura y luminosa belleza.

Ahora y para siempre.

*los ángeles,
cómo llegar
a conocerlos,
sentirlos
y amarlos*

Conocer tu ángel

Oración de petición de protección

*Ángel divino de la guarda,
fuente de toda bendición,
que velas por mi alma y mi vida,
protege con tu corona áurea mi espíritu y mi cuerpo,
día tras día.*

*Con la Luz perpetua de tu fuego,
aleja de mí el Mal destructor
e inúndame con tu lluvia bendita.*

Ahora y para siempre.

*Oraciones
para pedir
protección
y servir
a los demás.*

✶ ✶ ✶

Oración al servicio de los demás

*Ángel y Señor de la Caridad iluminada,
haz que sea fuego de tu Fuego, agua de tu Agua,
aire de tu Aire, tierra de tu Tierra.
Fuego, entusiasmo; Agua, amor;
Aire, sabiduría; Tierra, riqueza espiritual.*

*Escucha mi oración
para que estos cuatro elementos que me concedes
puedan convertirme en humilde Trabajador
de tu servicio divino de Ayuda al mundo.*

Ahora y para siempre.

los 72 ángeles

la luz del universo

los ángeles,
cómo llegar
a conocerlos,
sentirlos
y amarlos

Conocer tu ángel

los 72 ángeles

la luz del universo

7

¿QUÉ PUEDEN HACER LOS ÁNGELES POR TI Y POR MÍ?

Sin duda los ángeles nos brindan su amor y nos llenan de felicidad. Ellos pueden guiarnos fácilmente siempre y cuando nosotros seamos capaces de «leer» y comprender sus sutiles mensajes que nos llegan con frecuencia a través de los propios hechos de la vida cotidiana y a través de las sincronicidades. Los ángeles, además, nos proveen tanto de las necesidades espirituales como de las materiales, nos protegen de los posibles males y nos liberan de los peligros; son una fuente inagotable de energía, fuerza y ánimo para los momentos de debilidad, dudas o dificultades; nuestras plegarias y peticiones son siempre escuchadas por el ángel que nos acompaña en el caminar; y, finalmente, nos asisten amorosamente en el momento de la muerte.

Sin duda contactar con los ángeles es uno de los mayores favores que recibimos del cielo puesto que así descubrimos todo lo que dificulta nuestro camino hacia el crecimiento espiritual. Contactar con los ángeles es realmente la gran cura contra algunas de las más graves enfermedades de nuestra sociedad racional y materialista.

Los ángeles nos proveen tanto de las necesidades espirituales como de las materiales.

los 72 ángeles

la luz del universo

los ángeles, cómo llegar a conocerlos, sentirlos y amarlos

Su luz nos inundará y nos guiarán hacia un futuro lleno de esplendor y de gran luminosidad y alegría.

¿cuántos ángeles existen?

La luz de los ángeles nos inunda y nos guía hacia un futuro esperanzador.

los 72 ángeles

la luz del universo

60

Reflexión 2

Los ángeles te mostrarán el punto de arranque del camino espiritual, el camino de la alegría

La generosidad y el servicio son —así lo sabes tú por propia y repetida experiencia— el origen y la causa de la felicidad. No en vano el principio esencial de muchos caminos espirituales auténticos radica precisamente en el servicio.

Los ángeles —también el tuyo y el mío—, son todos mensajeros, es decir, servidores privilegiados del Creador. Luego contactar e intimar con tu ángel será, no lo dudes, el punto de inicio de tu camino espiritual, un camino de paz, amor, servicio y alegría.

La misión de los ángeles es cuidar y velar por el hombre

Los ángeles comparten todos y cada uno de los instantes de nuestra vida y ellos, que son maestros de la generosidad, la entrega y el amor, nos enseñan a tener una mayor disponibilidad hacia cuantos nos rodean. Una buena relación con tu ángel hará que seas espiritualmente mucho más sensible y que, por tanto, puedas también ser mucho más sensible a los demás y a sus necesidades.

Trata con tu ángel y verás cómo se abre ante ti todo un inmenso panorama de amor por los demás: sabrás escucharles, aprenderás a aceptarles tal y como son y no tal como a ti te gustaría que fueran, tendrás una mayor

---

Sidebar:

los ángeles, cómo llegar a conocerlos, sentirlos y amarlos

¿qué pueden hacer por ti y por mí?

Los ángeles son los maestros de la generosidad y del amor hacia el hombre.

los 72 ángeles

la luz del universo

los ángeles, cómo llegar a conocerlos, sentirlos y amarlos

capacidad para intuir en qué puedes ayudarles y todo ello hará que mejoren ostensiblemente tus relaciones tanto familiares como profesionales.

Comprender es lo contrario de rechazar, es abarcar, incluir, y tu ángel te comprende siempre; comprender significa abrirse a los demás y tu ángel está siempre abierto a tus necesidades y tus peticiones.

Los ángeles son maestros de la alegría

¿cuántos ángeles existen?

Generalmente los hombres creemos equivocadamente que la felicidad se encuentra precisamente donde jamás la encontraremos, es decir, fuera de nosotros, en lo material: la salud, el reconocimiento social o el dinero.

Pero la auténtica alegría se encuentra en nuestro interior porque la alegría no proviene de luchar para hacer que todo lo que nos rodea se adecue a lo que deseamos sino que la alegría radica en amar nuestra propia y personal situación. Un corazón alegre es aquel que se encuentra unido a Dios y uno de los métodos más maravillosos para unirnos a Dios consiste precisamente en unirnos a nuestro ángel, un ser muy cercano al mismo tiempo a Dios y a nosotros mismos. Tratándole hallaremos a Dios, nos acercaremos a Él y lograremos la paz y la alegría de quienes se sienten Hijos del ser Supremo.

Los ángeles nos ayudan a encontrar la alegría en nuestra situación personal.

Los ángeles nos devuelven la esperanza de vivir

Todo es fácil para el que espera en Dios. Las dificultades de la vida, aunque sean muchas e incluso graves, jamás pueden hacernos perder la esperanza. Sin embargo esperar no quiere decir no hacer nada sino que significa estar completamente convencidos de que Dios sabe más.

los 72 ángeles

la luz del universo

Nuestro ángel celestial sabe más que nosotros y por lo tanto debemos convencernos de que todo cuanto nos ocurre es siempre para bien; siempre sucederá lo mejor. La esperanza nunca es pasiva sino activa; por eso debemos dirigirnos a nuestro ángel y rogarle y pedirle como los niños. Él atenderá nuestras demandas.

los ángeles, cómo llegar a conocerlos, sentirlos y amarlos

¿qué pueden hacer por ti y por mí?

Debemos dirigirnos a nuestro ángel con actitud activa.

los 72 ángeles

la luz del universo

Segunda parte

Los 72 ángeles

Seres de Luz
que te acompañarán toda tu vida

Serafines

Ángeles al servicio de Kether: la Corona
Vibración que emana de los serafines: el Amor

Los serafines pertenecen al orden más elevado de entre los servidores de Dios puesto que están en comunión directa con Él, son la vibración primordial del Amor más elevado, el Amor de Dios.

Los serafines loan a Dios mediante el canto del trisagio de la *kedushah* (el *trisagion* o «tres veces santo», de la Iglesia Ortodoxa griega) *kadosh, kadosh, kadosh*: «Santo, Santo, Santo es el Señor de las Huestes, llena está la tierra de tu Gloria» (Isaías 6, 3).

El símbolo de los serafines es la serpiente (*seraf*) enroscada ya que al igual que la serpiente muda la piel y reaparece más juvenil, de este mismo modo los serafines son sanadores. De hecho su nombre puede interpretarse como *ser-rapha*, una combinación del término hebreo «ser Superior» o ángel custodio y *rapha* que significa «Sanador».

La esencia o vibración esencial de los serafines es el amor, por lo que también se les conoce como los «ánge-

Los serafines pertenecen al orden más elevado al servicio de Dios.

los 72 ángeles

la luz del universo

los ángeles, cómo llegar a conocerlos, sentirlos y amarlos

les del amor». Ellos inundan el cosmos entero de la vibración del amor de Dios.

Aspecto: según Henoch los serafines poseen cuatro alas; según la visión del Profeta Isaías (Isaías 6, 2ss) poseen seis alas.

los serafines

A los serafines se les conoce como los ángeles del amor.

los 72 ángeles

la luz del universo

Los ocho serafines son

1. Vehuiah 2. Jeliel
3. Sitael   4. Elemiah
5. Mahasiah 6. Lelahel
7. Achaiah 8. Cahetel

68

1. Vehuiah

Significa: «Dios elevado y glorificado por encima de todas las cosas».

Esencia que aporta: Voluntad.

Días de regencia: 3 de junio; 17 de agosto; 31 de octubre; 9 de enero. Del 21 al 25 de marzo.

Regencia zodiacal: 12° al 13° de Géminis; 24° al 25° de Leo; 6° al 7° de Escorpio; 18° al 19° de Capricornio; 0° al 5° de Aries.

La persona nacida bajo su influencia

Las personas nacidas bajo su influencia son emprendedoras y voluntariosas, de modo que con la ayuda de su ángel guardián lograrán cuanto se propongan.

Además sienten una gran necesidad de cambio y renovación lo cual puede ser bueno pero también puede llevarles a perderlo todo.

Lo que otorga

- Disponer de una poderosa voluntad para realizar las cosas y transformar nuestra vida.
- Ser el primero o el protagonista de una hazaña singular. Vencer en situaciones difíciles.
- Visión peculiar para lograr descubrir cuándo nos están engañando y lucidez para con uno mismo.
- Liberarnos de la cólera y la turbulencia.
- Obtener la iluminación divina.

Propuesta personal

Utilizar las superabundantes energías para ayudar a los hombres para no perder el camino o para reencontrarlo. Superar la individualidad.

---

los 72 ángeles, seres de luz que te acompañarán toda tu vida

los serafines

Vehuiah te otorga una poderosa voluntad.

los 72 ángeles

la luz del universo

2. Jeliel

Significa: «Dios que socorre».
Esencia que aporta: Amor y Sabiduría.
Días de regencia: 4 de junio; 18 de agosto; 1 de noviembre; 10 de enero. Del 26 al 30 de marzo.
Regencia zodiacal: 13º al 14º de Géminis; 25º al 26º de Leo; 7º al 8º de Escorpio; 19º al 20º de Capricornio; 5º al 10º de Aries.

La persona nacida bajo su influencia

El ángel Jeliel es el modelo del amor desinteresado y de la fidelidad. En las relaciones de pareja, él aporta la estabilidad y una visión del sexo como algo estrechamente relacionado con el Creador por lo que quienes están bajo su regencia serán fácilmente fundadores de una gran familia. Pero además, las personas nacidas bajo su influjo recibirán el arte de hacer las cosas agradables a los demás. Alejadas de los conflictos, serán personas positivas en todo momento.

Lo que otorga

- Fecundidad.
- Restablecimiento de la paz en el matrimonio.
- Fidelidad conyugal.
- Fidelidad a lo superior.
- Tranquilidad y calma en los momentos de conflicto.

Propuesta personal

Utilizar el pensamiento para superar situaciones emocionales que dominan. Vencer los apegos y vicios materiales.

3. Sitael

Significa: «Dios es la esperanza de todas las criaturas».

Esencia que aporta: Fuerza y Voluntad para lograr los objetivos propuestos.

Días de regencia: 5 de junio; 19 de agosto; 2 de noviembre; 11 de enero. Del 31 marzo al 4 de abril.

Regencia zodiacal: 14° al 15° de Géminis; 26° al 27° de Leo; 8° al 9° de Escorpio; 20° al 21° de Capricornio; 10° al 15° de Aries.

La persona nacida bajo su influencia

Habiendo nacido bajo el influjo de Sitael, la persona es idónea para puestos de trabajo de responsabilidad de modo que podrán ser protagonistas en ámbitos sociales o bien ser asesores de gran influencia. Son personas amantes de la verdad, respetuosos para con la palabra dada.

Lo que otorga

- Acceso a trabajos de responsabilidad o altos cargos.
- Poner fin a las adversidades y restablecer la armonía.
- Protección contra las fuerzas del mal.
- Fuerza para mantenerse fiel a la palabra dada y para no rehuir los compromisos.
- Protección contra las personas hipócritas, contra la ingratitud y el perjurio.

Propuesta personal

Disolver los enfrentamientos y las tempestades causadas por el odio humano. Fidelidad a lo esencial, y pericia para apoyar una idea o un proyecto sin ayudar a otra idea o proyecto que pudiera ir en contra del primero.

---

los 72 ángeles, seres de luz que te acompañarán toda tu vida

los serafines

Sitael te ayuda a poner fin a las adversidades.

los 72 ángeles

la luz del universo

4. Elemiah

los 72 ángeles, seres de luz que te acompañarán toda tu vida

Significa: «Dios Oculto».
Esencia que aporta: Poder Divino.
Días de regencia: 6 de junio; 20 de agosto; 3 de noviembre; 12 de enero. Del 5 al 9 de abril.
Regencia zodiacal: 15º al 16º de Géminis; 27º al 28º de Leo; 98º al 10º de Escorpio; 21º al 22º de Capricornio; 15º al 20º de Aries.

La persona nacida bajo su influencia

Bajo la influencia de Elemiah la persona posee un fuerte yo espiritual que le habilita para extender en la vida cotidiana un poco del mundo divino.

Además de su fuerte espiritualidad son personas industriosas, con buena predisposición para los descubrimientos útiles, además de ser personas emprendedoras a las que gusta viajar.

los serafines

Elemiah ofrece tranquilidad a tu alma y capacidad para poder rectificar errores.

Lo que otorga

- Evitar las crisis de una empresa y tener éxito profesional.
- Capacidad para rectificar a tiempo.
- Fuerza para difundir en la Tierra una visión divina.
- Protege en los viajes contra los posibles accidentes.
- Tranquilidad de alma.
- Capacidad para reconocer a quienes le han traicionado o pudieran hacerlo.

los 72 ángeles

la luz del universo

Propuesta personal

Utilizar el poder social de modo adecuado. Dominar la naturaleza ambiciosa.

5. Mahasiah

Significa: «Dios Salvador».
Esencia que aporta: Capacidad para rectificar.
Días de regencia: 7 de junio; 21 de agosto; 4 de noviembre; 13 de enero. Del 10 al 15 de abril.
Regencia zodiacal: 16º al 17º de Géminis; 28º al 29º de Leo; 10º al 11º de Escorpio; 22º al 23º de Capricornio; 20º al 25º de Aries.

La persona nacida bajo su influencia

Mahasiah posee todo lo necesario para una convivencia pacífica y de ahí que la invocación a este ángel resulte de suma utilidad para las personas que viven en desasosiego o en permanente duda. Los nacidos bajo su influencia poseen una gran facilidad para aprender lo que se propongan.

Invocar a Mahasiah es un modo de asegurar que se nos abran los ojos y las capacidades del entendimiento para conocer la verdad trascendente e incluso para saber interpretar correctamente las señales de la vida. Los nacidos bajo su influencia suelen ser personas de aspecto agradable a las que les gusta también el ocio y el placer sano y honesto.

Lo que otorga

- Capacidad para conocer las altas ciencias, la filosofía oculta o la teología.
- Aprender con facilidad cuanto se desea.
- Mejorar el carácter y alcanzar una mayor belleza física.

---

los 72 ángeles, seres de luz que te acompañarán toda tu vida

los serafines

Mahasiah mejora tu carácter y te ayuda en el aprendizaje.

los 72 ángeles

la luz del universo

los 72 ángeles, seres de luz que te acompañarán toda tu vida

- Combatir las malas cualidades de cuerpo y de alma.

Propuesta personal

Saldar las deudas pendientes que nos unen a los compañeros de ruta en el pasado.

los serafines

A través de Mahasiah puedes combatir las malas cualidades del cuerpo y del alma.

los 72 ángeles

la luz del universo

6. Lehahel

Significa: «Dios loable».

Esencia que aporta: Entendimiento y consciencia.

Días de regencia: 8 de junio; 22-23 de agosto; 4 de noviembre; 14 de enero. Del 15 al 20 de abril.

Regencia zodiacal: 17° al 18° de Géminis; 29° al 30° de Leo; 11° al 12° de Escorpio; 23° al 24° de Capricornio; 25° al 30° de Aries.

La persona nacida bajo su influencia

Las personas nacidas bajo la influencia de Lehahel al recibir la luz de este ángel recibirán una gran claridad interior que les habilita para amar y comprender a cuantos le rodean. A la vez recibirán también la capacidad de entender y expresar adecuadamente las ciencias y las artes, materias en las que destacarán y que les reportará fortuna y éxito. A estas personas suele gustarles que se hable de ellas y gozan de su celebridad y del reconocimiento de sus talentos.

Lo que otorga

- Curación de las enfermedades.
- Iluminación espiritual.
- Renombre y fortuna en las artes y las ciencias.
- Conseguir el amor de una persona afortunada.
- Protección contra la tentación de adquirir la fortuna por medios ilícitos.

Propuesta personal

Controlar la ambición desmesurada que podría sobrevenir por el éxito y el reconocimiento públicos.

---

los 72 ángeles, seres de luz que te acompañarán toda tu vida

los serafines

Lehahel te otorga sanación de la enfermedad e iluminación espiritual.

los 72 ángeles

la luz del universo

los 72 ángeles, seres de luz que te acompañarán toda tu vida

los serafines

Achaiah te ofrece paciencia para afrontar las calamidades.

los 72 ángeles

la luz del universo

7. Achaiah

Significa: «Dios es bueno y paciente».
Esencia que aporta: Paciencia y buenas aptitudes para la observación.
Días de regencia: 9 de junio; 24 de agosto; 5 de noviembre; 15 de enero. Del 21 al 25 de abril.
Regencia zodiacal: 18º al 19º de Géminis; 0º al 1º de Virgo; 12º al 13º de Escorpio; 24º al 25º de Capricornio; 0º al 5º de Tauro.

La persona nacida bajo su influencia

Si se ha nacido bajo su influencia, al recibir la ayuda de Achaiah se recibirá la paciencia para superar las dificultades de la vida. Así la persona podrá observar y analizar la situación, lo que le facilitará tomar las decisiones adecuadas para superar las dificultades. La luz de este ángel dota al nacido bajo su influjo de la capacidad para difundir lo aprendido entre sus semejantes mediante la sutil observación. Además del don de descubrir las cosas útiles.

Lo que otorga

- Paciencia para soportar las calamidades de la vida.
- Dotes de observación: descubrimiento de los secretos de la naturaleza.
- Descubrir el sentido de la vida cuando se ha perdido la fe en todo.
- Capacidad de innovar y de ver lo que está más allá de los hechos probados.
- Combatir la pereza, la negligencia y la despreocupación.

Propuesta personal

Vencer las verdades convencionales.

8. Cahetel

Significa: «Dios adorable».
Esencia que aporta: Bendición de Dios.
Días de regencia: 10 de junio; 25 de agosto; 6 de noviembre; 16 de enero. Del 25 al 30 de abril.
Regencia zodiacal: 19° al 20° de Géminis; 1° al 2° de Virgo; 13° al 14° de Escorpio; 25° al 26° de Capricornio; 5° al 10° de Tauro.

La persona nacida bajo su influencia

La esencia de Cahetel hace que la persona que haya nacido bajo su influencia y que acude a él le haga ser siempre agradecido al Cielo sabiéndose en todo momento al servicio de Dios. Alabará y agradecerá siempre a Dios, y al mismo tiempo será un hombre sencillo pero poderoso porque Dios le bendecirá sin cesar.

Los nacidos bajo su influjo no sólo serán fecundos sino que, además, harán que cuantos contacten con ellos también lo sean. La persona influida por Cahetel amará el trabajo agrícola y hará que éste sea siempre fecundo y fructífero.

---

los 72 ángeles, seres de luz que te acompañarán toda tu vida

los serafines

Las personas bajo la influencia de Cahetel son fecundas.

los 72 ángeles

la luz del universo

los 72 ángeles, seres de luz que te acompañarán toda tu vida

los serafines

Lo que otorga

- Bendición constante de Dios.
- Agradecimiento hacia Dios.
- Abundantes cosechas agrícolas y éxito en las labores de la tierra.
- Inspiración para elevarse hacia Dios y descubrirlo.
- Amor por el trabajo.
- Ayuda contra los posibles encantamientos y sortilegios de los enemigos.

Propuesta personal

Superar la vanidad y las ataduras de la abundancia material.

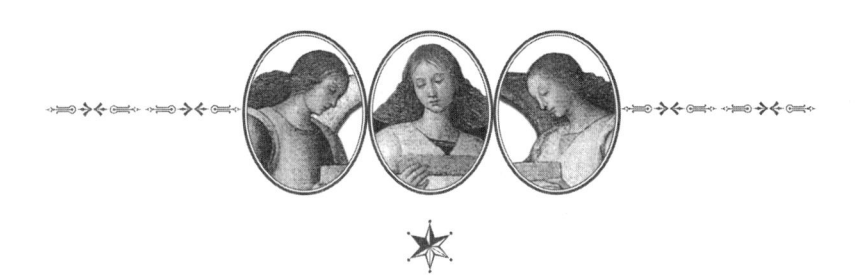

QUERUBINES

Ángeles al servicio de Hochmah: Sabiduría
Vibración que emanan: Sabiduría y Conocimiento

Los querubines ocupan el segundo lugar en cuanto a cercanía del Trono de Gloria o Trono del Todopoderoso. En la antigua Babilonia se hablaba de los Ka-ri-bu, esto es, los guardianes de templos. Y en las culturas judía y cristiana los querubines son los que, con espada invencible, puso Dios al Este del Edén para custodiar el Árbol de la Vida (Génesis 3, 24) y son portadores de Dios (Salmo 17, 11), el trono de Dios, el Santo de los Santos; ellos son además los custodios del tabernáculo que alberga el Arca de la Alianza (Éxodo 25, 20).

En el misticismo judío los querubines son los que custodian el árbol de la vida, el árbol que en el judaísmo esotérico posee el número sagrado de 7 ramas hacia el Cielo y 7 raíces en la Tierra.

Su vibración esencial es la sabiduría y el conocimiento y de hecho, «querub» puede interpretarse como «todo el conocimiento de Dios».

Los querubines son los guardianes de los templos.

los 72 ángeles

la luz del universo

los 72 ángeles, seres de luz que te acompañarán toda tu vida

los querubines

Los querubines generalmente son los portadores del Trono de Dios.

los 72 ángeles

la luz del universo

Aspecto: generalmente los querubines son los portadores del Trono de Dios y de hecho así aparecen descritos en el Salmo XVIII. El Profeta Ezequiel (Ezequiel 1, 6ss) y con él el Apocalipsis de Juan son descritos con cuatro caras y cuatro alas.

Los ocho querubines son

9. Haziel   10. Aladiah
11. Lauviah   12. Hahaiah
13. Iezalel   14. Mebael
15. Hariel   16. Hekamiah

9. Haziel

Significa: «Dios de Misericordia».
Esencia que aporta: Misericordia de Dios.
Días de regencia: 11-12 de junio; 26 de agosto; 7 de noviembre; 17 de enero. Del 1 al 5 de mayo.
Regencia zodiacal: 20° al 21° de Géminis; 2° al 3° de Virgo; 14° al 15° de Escorpio; 26° al 27° de Capricornio; 10° al 15° de Tauro.

La persona nacida bajo su influencia

La misericordia infundida por Haziel hará que la invocación hecha con el corazón y con el deseo auténtico de iniciar una nueva vida sean escuchados en el Cielo. Y será esta misma misericordia la que hará que seamos perdonados y recibidos de nuevo en el regazo de Dios; más aún, hará que también nosotros aprendamos a perdonar. Quienes han nacido bajo el influjo de Haziel son personas sinceras y dispuestas a la reconciliación.

Lo que otorga

- Misericordia de Dios hacia nosotros.
- Aprender de la misericordia de Dios para ser también nosotros misericordiosos con los demás.
- Amistad y favores de personas relevantes.
- Cumplimiento de una promesa que nos ha sido hecha.
- Reconciliación con los que hemos ofendido o nos han ofendido.
- Protección contra el odio y el engaño.

Propuesta personal

Alcanzar la humildad.

---

los 72 ángeles, seres de luz que te acompañarán toda tu vida

los querubines

Haziel nos otorga misericordia de Dios y protección contra el odio.

los 72 ángeles

la luz del universo

10. Aladiah

Significa: «Dios Propicio».
Esencia que aporta: Gracia Divina.
Días de regencia: 13 de junio; 27 de agosto; 8 de noviembre; 18 de enero. Del 6 al 11 de mayo.
Regencia zodiacal: 21º al 22º de Géminis; 3º al 4º de Virgo; 15º al 16º de Escorpio; 27º al 28º de Capricornio; 15º al 20º de Tauro.

La persona nacida bajo su influencia

Aladiah aporta la Gracia Divina que es la que nos capacita para perdonarnos a nosotros mismos y a los demás. Cuantos estén influidos por Aladiah gozarán de buena salud, tendrán éxito en sus empresas, recibirán la fuerza necesaria para alcanzar las metas propuestas aprendiendo de los errores pasados y desdramatizando las situaciones de la vida.

Lo que otorga

- Curación de enfermedades y regeneración moral.
- Inspiración para llevar una empresa a un resultado feliz.
- Perdón por las malas acciones que hayamos podido cometer.
- Contacto con personas influyentes.
- Protección contra la negligencia y el descuido en lo referente a la salud y a los negocios.

Propuesta personal

Ser justo y moderado.

11. Lauviah

Significa: «Dios Loado y Exaltado».
Esencia que aporta: Victoria.
Días de regencia: 14 de junio; 28 de agosto; 9 de noviembre; 19 de enero. Del 12 al 16 de mayo.
Regencia zodiacal: 22º al 23º de Géminis; 4º al 5º de Virgo; 16º al 17º de Escorpio; 28º al 29º de Capricornio; 20º al 25º de Tauro.

La persona nacida bajo su influencia

Quien se encuentre influido por este ángel gozará de gran sabiduría, lo cual le será reconocido. Sin embargo debe vigilar para no caer en el orgullo, la ambición o los celos. Con la luz de Lauviah los influidos por él deben anhelar la victoria (social o espiritual) pero manteniendo la justicia y el espíritu altruista.

Lo que otorga

- Sabiduría.
- Consecución de poder.
- Protección contra las tempestades ya sean naturales o morales.
- Reconocimiento del talento y la celebridad.
- Protección contra el orgullo, el exceso de ambición, los celos y las calumnias.

Propuesta personal

Ser sabio y vencer el orgullo y los celos.

12. Hahaiah

Significa: «Dios Refugio».
Esencia que aporta: Refugio Divino.
Días de regencia: 15 de junio; 29 de agosto; 10 de noviembre; 20 de enero. Del 17 al 21 de mayo.
Regencia zodiacal: 23º al 24º de Géminis; 5º al 6º de Virgo; 17º al 18º de Escorpio; 29º al 30º de Capricornio; 25º al 30º de Tauro.

La persona nacida bajo su influencia

Las personas de Hahaiah son capaces de interpretar adecuadamente las señales y los sueños, tanto los propios como los ajenos. Se trata de personas sabias, discretas, sutiles en lo espiritual, de aspecto agradable y de modos de comportarse dulces.

Lo que otorga

- Facultad de interpretar los sueños (los propios y los ajenos).
- Protección contra la adversidad.
- Revelación de los misterios (de la vida propia y de la ajena).
- Discreción de la sociedad sobre lo que estamos haciendo.
- Protección contra los abusos de confianza, las mentiras y las indiscreciones.

Propuesta personal

Ser el intermediario de la paz y la armonía.

los 72 ángeles, seres de luz que te acompañarán toda tu vida

los querubines

los 72 ángeles

la luz del universo

85

13. Iezalel

Significa: «Dios Glorificado sobre todas las cosas».
Esencia que aporta: Fidelidad.
Días de regencia: 16 de junio; 30 de agosto; 11 de noviembre; 21 de enero. Del 22 al 26 de mayo.
Regencia zodiacal: 24º al 25º de Géminis; 6º al 7º de Virgo; 18º al 19º de Escorpio; 0º al 1º de Acuario; 0º al 5º de Géminis.

La persona nacida bajo su influencia

Los nacidos bajo la influencia de Iezalel están capacitados para transformar el mundo y lo lograrán mediante la vivencia de una fuerte fidelidad y amor: fidelidad conyugal, fidelidad hacia su labor transformadora y amor materializado en la amistad. Los influidos por Iezalel poseen una gran memoria con la que pueden rememorar incluso vidas pasadas de la que recolectarán valiosas experiencias para el presente y para el futuro.

Lo que otorga

- Fidelidad conyugal y reconciliación entre esposos.
- Memoria extraordinaria.
- Habilidad en la ejecución de cualquier tarea.
- Conseguir favores de los superiores.
- Protección contra el error, la ignorancia y la mentira.

Propuesta personal

Ser el reconciliador.

14. Mebael

Significa: «Dios Conservador».
Esencia que aporta: Verdad, Libertad y Justicia.
Días de regencia: 17 de junio; 31 de agosto; 12 de noviembre; 22 de enero. Del 27 al 31 de mayo.
Regencia zodiacal: 25° al 26° de Géminis; 7° al 8° de Virgo; 19° al 20° de Escorpio; 1° al 2° de Acuario; 5° al 10° de Géminis.

La persona nacida bajo su influencia

Mebael aporta la vibración de la Verdad, la Libertad y la Justicia. De ahí que Mebael sea quien protege de la mentira o la calumnia. Ayuda, por lo tanto, a que se reconozca la verdad y a recuperar lo injustamente perdido. La Verdad y la Justicia son primordiales para el que haya nacido bajo la luz de Mebael, de ahí que sean personas que gustan de lo relacionado con el derecho (jusrisprudencia) y se encuentren fácilmente vinculados con la abogacía.

Lo que otorga

- Justicia e imparcialidad.
- Liberación de oprimidos y prisioneros.
- Amor y celebridad en el ejercicio del derecho o jurisprudencia.
- Protección contra el falso testimonio o la calumnia.
- Reconquista de lo injustamente perdido.

Propuesta personal

Aplicar justicia.

---

los 72 ángeles, seres de luz que te acompañarán toda tu vida

los querubines

Mebael otorga justicia y liberación de los oprimidos.

los 72 ángeles

la luz del universo

los 72 ángeles, seres de luz que te acompañarán toda tu vida

los querubines

Hariel libera de los malos hábitos adquiridos.

15. Hariel

Significa: «Dios Creador».
Esencia que aporta: Purificación.
Días de regencia: 18 de junio; 1 de septiembre; 13 de noviembre; 23 de enero. Del 1 al 6 de junio.
Regencia zodiacal: 26º al 27º de Géminis; 8º al 9º de Virgo; 20º al 21º de Escorpio; 2º al 3º de Acuario; 10º al 15º de Géminis.

La persona nacida bajo su influencia

Hariel da a quienes han nacido bajo su influencia las fuerzas necesarias para luchar contra todo aquello que dificulta nuestra unión con el Ser superior. Quienes han nacido bajo su influencia son personas innovadoras con una capacidad importante para la armonía tanto en su interior como con los demás; personas con sentimientos religiosos y llenos de pureza.

Lo que otorga

- Que las mentes perversas se hagan piadosas.
- Liberación de los malos hábitos.
- Inspiración en el trabajo y descubrimientos de nuevos métodos profesionales.
- Reconducir hacia la fe al que la perdió.
- Protección contra las falsas creencias.

Propuesta personal

Pureza mental.

los 72 ángeles

la luz del universo

16. Hekamiah

Significa: «Dios que rige el Universo».
Esencia que aporta: Lealtad.
Días de regencia: 19 de junio; 2 de septiembre; 14 de noviembre; 24 de enero. Del 7 al 11 de junio.
Regencia zodiacal: 27° al 28° de Géminis; 9° al 10° de Virgo; 21° al 22° de Escorpio; 3° al 4° de Acuario; 15° al 20° de Géminis.

La persona nacida bajo su influencia

Puesto que Hekamiah otorga la esencia de la lealtad, las personas influidas por Hekamiah son personas leales, nobles y fieles a su palabra. Es un ángel útil para cuantos

los 72 ángeles, seres de luz que te acompañarán toda tu vida

puedan tener trato con personas desleales o traidoras. De ahí que sea un ángel propio de dignatarios, pues protege contra la traición y la rebeldía y facilita el favor de personas de elevada posición.

los querubines

Lo que otorga
- Solicitar protección para los altos mandatarios.
- Encontrar el favor de personas de elevada posición.
- Conquista de la lealtad.
- Vencer a los enemigos.
- Protege de la acechanzas de los rebeldes, sediciosos y traidores.

Propuesta personal
Cristalizar los valores más elevados.

Tronos

Ángeles al servicio de Binah: Inteligencia

Los Tronos pertenecen ya a la tercera esfera, donde se unen el cielo y la Tierra, de modo que estos seres toman ya la forma física de la carne. Según Steiner fueron estos seres intermedios entre el Cielo y la Tierra quienes ofrecieron a Dios la sustancia que serviría para la misma creación del hombre. Por su situación este orden de ángeles se encuentra sometido a una cierta posibilidad de corrupción. La misión de los ángeles del orden de los Tronos es la de supervisar la justicia en el Cielo, de ahí que estén al servicio de Binah.

Los ángeles pertenecientes a los Tronos tienen la misión de supervisar la justicia en el Cielo.

Aspecto. Según Ezequiel (1, 13-19) los Tronos son descritos como ruedas brillantes como el crisólito, con una circunferencia muy grande y llenas de ojos.

Los ocho Tronos son
17. Lauviah	18. Caliel	19. Leuviah	20. Pahaliah
21. Nelkael	22. Yeiayel	23. Melahel	24. Haheuiah

los 72 ángeles

la luz del universo

17. Lauviah

Significa: «Dios Admirable».
Esencia que aporta: Revelación.
Días de regencia: 20 de junio; 3 de septiembre; 15 de noviembre; 25 de enero. Del 12 al 16 de junio.
Regencia zodiacal: 28º al 29º de Géminis; 10º al 11º de Virgo; 22º al 23º de Escorpio; 4º al 5º de Acuario; 20º al 25º de Géminis.

La persona nacida bajo su influencia

Lauviah es útil para quienes luchan entre dos tendencias, una superior y otra inferior. Lauviah otorga el don de los sueños con mensajes importantes.

Las personas nacidas bajo este influjo serán amantes de la música, la poesía, la filosofía o la literatura y gracias a estos saberes se acercarán a lo divino.

Lo que otorga

- Retorno de antiguos afectos y recuperación de antiguas amistades.
- Dormir bien por las noches, vencer el insomnio.
- Revelaciones oníricas.
- Inspiración para amar y ejercitar la literatura, la filosofía, la poesía.
- Discernimiento de lo falso.

Propuesta personal

Superación de traumas y deudas del pasado.

18. Caliel

Significa: «Dios pronto a socorrer».
Esencia que aporta: Justicia.
Días de regencia: 21 de junio; 4 de septiembre; 16 de noviembre; 26 de enero. Del 17 al 21 de junio.
Regencia zodiacal: 29° al 30° de Géminis; 11° al 12° de Virgo; 23° al 24° de Escorpio; 5° al 6° de Acuario; 25° al 30° de Géminis.

La persona nacida bajo su influencia

Las personas influidas por Caliel son personas justas, íntegras y que aman la verdad por encima de otras muchas cosas. Se les recomienda los estudios de leyes pues fácilmente destacarán en esta materia. La persona que en una carta astral tenga a Urano, Júpiter o Venus sobre los puntos de Caliel será portadora de esta energía de justicia y Verdad.

Lo que otorga

- Socorro ante la adversidad.
- Conocer la verdad en los pleitos haciendo que triunfe la inocencia.
- Confusión de los culpables y falsos testigos.
- Distingue a los que se dediquen a la magistratura.
- Protege de los escándalos y contra las malas artes.

Propuesta personal

Comprensión de la aplicación de la justicia.

---

los 72 ángeles, seres de luz que te acompañarán toda tu vida

los tronos

Caliel te ofrece socorro ante la adversidad.

los 72 ángeles

la luz del universo

19. Leuviah

Significa: «Dios que socorres a los pecadores».
Esencia que aporta: Inteligencia práctica.
Días de regencia: 8 de abril; 22 de junio; 5 de septiembre; 17 de noviembre; 27 de enero. Del 22 al 27 de junio.
Regencia zodiacal: 18º al 19º de Aries; 0º al 1º de Cáncer; 12º al 13º de Virgo; 24º al 25º de Escorpio; 6º al 7º de Acuario; 0º al 5º de Cáncer.

La persona nacida bajo su influencia

Las personas nacidas bajo Leuviah poseen una extraordinaria memoria que incluso les permite recordar vidas pasadas. Dicha memoria les posibilita analizar adecuadamente el presente a la vista de lo acaecido en el pasado. Son personas amables y buenas comunicadoras y tendrán éxito y felicidad en la interrelación y comunicación con los demás. Están además preparadas para resistir con resignación y paciencia las dificultades que les sobrevengan.

Lo que otorga

- Conseguir la Gracia de Dios en el dominio de la fecundidad.
- Recuperar la memoria y recordar cosas olvidadas.
- Soportar las adversidades con resignación.
- Potencia la inteligencia y la comprensión.
- Vencer la desesperanza y el hundimiento moral. La alegría vence a la tristeza.

Propuesta personal

Hacer un buen uso de la imaginación creadora.

los 72 ángeles, seres de luz que te acompañarán toda tu vida

los tronos

los 72 ángeles

la luz del universo

los 72 ángeles, seres de luz que te acompañarán toda tu vida

los tronos

Pahaliah te otorga discernimiento para escoger la conducta adecuada.

los 72 ángeles

la luz del universo

20. Pahaliah

Significa: «Dios Redentor».
Esencia que aporta: Redención.
Días de regencia: 9 de abril; 23 de junio; 6 de septiembre; 18 de noviembre; 28 de enero. Del 28 de junio al 2 de julio.
Regencia zodiacal: 19º al 20º de Aries; 1º al 2º de Cáncer; 13º al 14º de Virgo; 25º al 26º de Escorpio; 7º al 8º de Acuario; 5º al 10º de Cáncer.

La persona nacida bajo su influencia

Pahaliah hace que la persona sepa en todo momento qué conducta es la verdaderamente adecuada siguiendo el temor de Dios, puesto que se trata de una persona religiosa o temerosa de Dios. Su misma conducta será un modo de acercar a Dios a cuantos le rodean. Suelen ser personas con deseos de aprender teología, castas y piadosas. Es fácil que personas nacidas bajo el influjo de Pahaliah deseen servir a Dios y a los demás desde el sacerdocio.

Lo que otorga

- Descubrimiento de las leyes divinas que rigen el mundo.
- Guardar la castidad.
- Despertar de una vocación religiosa.
- Argumentos para convencer a los incrédulos.
- Protección contra las tendencias al libertinaje y al error.

Propuesta personal

Control de las emociones y deseos.

21. Nelkhael

Significa: «Dios solo y Único».
Esencia que aporta: deseos de aprender.
Días de regencia: 10 de abril; 24 de junio; 7 de septiembre; 19 de noviembre; 29 de enero. Del 3 al 7 de julio.
Regencia zodiacal: 20º al 21º de Aries; 2º al 3º de Cáncer; 14º al 15º de Virgo; 26º al 27º de Escorpio; 8º al 9º de Acuario; 10º al 15º de Cáncer.

los 72 ángeles, seres de luz que te acompañarán toda tu vida

los tronos

La persona nacida bajo su influencia

Los nacidos bajo Nelkhael son personas capaces de lograr un elevado grado de conocimiento y sabiduría ya que en cuanto estudien un tema comprenderán también todos los temas relacionados, de modo que se abren unas perspectivas de sabiduría inmensas especialmente en el terreno de la astronomía, matemáticas, geometría y, en general, las ciencias abstractas. Nelkhael aporta además la ayuda que necesitarán estas personas amantes de la verdad, lo cual les hará encontrarse con

Nelkhael te capacita para conseguir un elevado nivel de sabiduría.

los 72 ángeles

la luz del universo

> los 72 ángeles, seres de luz que te acompañarán toda tu vida

> los tronos

muchas personas que estarán en desacuerdo con ellos y que podrían convertirse en sus enemigos.

Lo que otorga
- Destruye el poder de los malos espíritus.
- Liberación de una situación opresiva.
- Favorece el aprendizaje de las matemáticas y ciencias abstractas.
- Sumisión a las reglas y a las leyes.
- Preserva de la ignorancia, los prejuicios y los errores.

Propuesta personal
Instruir al mundo en materia de reglas y leyes.

22. Yeiayel

Significa: «La derecha de Dios».
Esencia que aporta: Reconocimiento público y renombre.
Días de regencia: 12 de abril; 25 de junio; 8 de septiembre; 20 de noviembre; 30 de enero. Del 8 al 12 de julio.
Regencia zodiacal: 21º al 22º de Aries; 3º al 4º de Cáncer; 15º al 16º de Virgo; 27º al 28º de Escorpio; 9º al 10º de Acuario; 15º al 20º de Cáncer.

La persona nacida bajo su influencia

Se trata alguien que se dirige claramente hacia el éxito, la fama y el renombre. Se concentran en una materia y profundizan en ella hasta dominarla, lo cual a su vez puede llevarlas a un desequilibrio ya que pueden conocer a fondo una temática pero desconocer todas las demás. Son también buenos comunicadores de ideas

Lo que otorga

- Fortuna y reconocimiento público.
- Protege contra los naufragios (en sentido literal o figurado).
- Ayuda a los comerciales a conservar su puesto de trabajo.
- Favorece el altruismo y la filantropía.
- Protege contra aquellos que pretenden despojarnos de nuestros legítimos bienes.

Propuesta personal

Vencer el narcisismo.

23. Melahel

Significa: «Dios que liberas de los males».
Esencia que aporta: Capacidad para curar.
Días de regencia: 13 de abril; 26 de junio; 9 de septiembre; 21 de noviembre; 31 de enero. Del 13 al 18 de julio.
Regencia zodiacal: 22° al 23° de Aries; 4° al 5° de Cáncer; 16° al 17° de Virgo; 28° al 29° de Escorpio; 10° al 11° de Acuario; 20° al 25° de Cáncer.

La persona nacida bajo su influencia

Melahel otorga el conocimiento de las plantas curativas, lo cual lleva a los nacidos bajo su influjo a un fuerte deseo por conocerlas y a un fuerte deseo por sanar a quienes les rodean. Melahel domina también sobre las producciones de la Tierra y el agua. Simbólicamente el agua posee un significado más amplio que incluye también la sanación por el amor.

Lo que otorga

- Protege contra las armas de fuego, contra los posibles atentados.
- Sanación a través de las plantas medicinales.
- Fecundidad en los campos, propiciando la lluvia.
- Valentía para iniciar operaciones arriesgadas.
- Protege contra contagios, infecciones y enfermedades.

Propuesta personal

Comprensión de las Leyes Divinas.

24. Haheuiah

Significa: «Dios Bueno por sí mismo».
Esencia que aporta: Protección.
Días de regencia: 14 de abril; 27 de junio; 10 de septiembre; 22 de noviembre; 1 de febrero. Del 19 al 23 de julio.
Regencia zodiacal: 23° al 24° de Aries; 5° al 6° de Cáncer; 17° al 18° de Virgo; 29° al 30° de Escorpio; 11° al 12° de Acuario; 25° al 30° de Cáncer.

los 72 ángeles, seres de luz que te acompañarán toda tu vida

los tronos

Haheuiah ampara a los exliliados y a los presos.

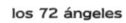

los 72 ángeles

la luz del universo

los 72 ángeles, seres de luz que te acompañarán toda tu vida

los tronos

Haheuiah otorga protección contra los ladrones y los asesinos.

La persona nacida bajo su influencia

Quienes están influidos por Haheuiah reciben de Dios su misericordia y ello hace que reciban prontamente su perdón. Haheuiah ampara a exiliados, presos y rebeldes, protege de la justicia humana y de las dificultades cotidianas. Suele decirse que protege a cuantos huyen y ello puede aplicarse también a los que huyen de sí mismos, de su destino, de sus obligaciones. Quien nace bajo la influencia de Haheuiah es una persona sincera de palabra y de obra, y ama la verdad y las ciencias exactas.

Lo que otorga

- Los exiliados y los prisioneros obtienen la Gracia de Dios.
- Los que llevan sobre si crímenes secretos no tendrán que comparecer ante la justicia humana sino ante la divina.
- Protege de los animales malignos.
- Preserva de los ladrones y asesinos.
- Preserva de la tentación de vivir por medios ilícitos.

Propuesta personal

Reconocer en el enemigo la faz del hermano.

DOMINACIONES

Ángeles al servicio de Hesed: Bondad
Vibración que emanan: Misericordia

En el judaísmo las dominaciones son conocidas como los *Hasmalim* pues uno de los ángeles de este orden es precisamente, *Hasmal* que es el ángel que habla con pasión. De ahí que los *Hasmalim* sean los ángeles que regulan la jerarquía de los ángeles asignando tareas a los ángeles inferiores a ellos.

En el Nuevo Testamento el apóstol Pablo trata acerca de las Dominaciones en sus cartas a los Efesios 1, 21 y a los Colosenses 1, 16.

Son conocidos por su gran misericordia y bondad que es la esencia o vibración que aportan y son los responsables en parte de los trabajos de los demás ángeles.

Los ángeles de las Dominaciones poseen una gran misericordia y bondad.

Las ocho Dominaciones son

25. Nith-Haiah	26. Haaiah	27. Yerathel	28. Seheiah
29. Reiyel	30. Omael	31. Lecabel	32. Basaría

los 72 ángeles

la luz del universo

los 72 ángeles,
seres de luz que
te acompañarán
toda tu vida

las dominaciones

los 72 ángeles

la luz del universo

104

25. Nith-Haiah

Significa: «Dios que da con sabiduría».
Esencia que aporta: Sabiduría.
Días de regencia: 15 de abril; 28 de junio; 12 de septiembre; 23 de noviembre; 2 de febrero. Del 24 al 28 de julio.
Regencia zodiacal: 24° al 25° de Aries; 6° al 7° de Cáncer; 18° al 19° de Virgo; 0° al 1° de Sagitario; 12° al 13° de Acuario; 0° al 5° de Leo.

La persona nacida bajo su influencia

La sabiduría de Nith-Haiah permite a su influido acceder a los misterios ocultos. Esta sabiduría es otorgada por el ángel especialmente durante el sueño y suele darse en personas sabias, personas amantes de la paz, la soledad y la verdad o en personas que practican la magia de los sabios que acelera los procesos naturales.

Lo que otorga

- Sabiduría y descubrimiento de los misterios ocultos.
- Revelaciones en sueños premonitorios.
- Operaciones mágicas, exorcismos y desembrujamientos.
- Contemplación de Dios.
- Protege contra los magos negros, brujas y demonios.

Propuesta personal

Buen uso del poder espiritual.

los 72 ángeles, seres de luz que te acompañarán toda tu vida

las dominaciones

Haaiah te otorga éxito en la política y en la diplomacia.

26. Haaiah

Significa: «Dios Oculto».
Esencia que aporta: Ciencia política.
Días de regencia: 16 de abril; 29 de junio; 13 de septiembre; 24 de noviembre; 3 de febrero. Del 29 de julio al 2 de agosto.
Regencia zodiacal: 25° al 26° de Aries; 7° al 8° de Cáncer; 19° al 20° de Virgo; 1° al 2° de Sagitario; 13° al 14° de Acuario; 5° al 10° de Leo.

La persona nacida bajo su influencia

Las personas que han nacido bajo el influjo de Haaiah son aquellas que tienen una clara inclinación política, es decir, inclinación por dirigir la sociedad y conducirla hacia el orden y la justicia. Estas mismas personas destacan por su honestidad y por el descubrimiento de lo Divino mediante el razonamiento.

Lo que otorga

- Ganar un proceso legal.
- Protección en la búsqueda de la verdad.
- Contemplación de las cosas divinas.
- Éxito en la política y la diplomacia.
- Protege contra las conspiraciones y traiciones.

Propuesta personal

Aportar equilibrio y armonía en tiempo de conflictos.

los 72 ángeles

la luz del universo

27. Yerathel

Significa: «Dios que castiga los malvados».
Esencia que aporta: Propagación de la Luz.
Días de regencia: 17 de abril; 30 de junio; 14 de septiembre; 25 de noviembre; 4 de febrero. Del 3 al 7 de agosto.
Regencia zodiacal: 26° al 27° de Aries; 8° al 9° de Cáncer; 20° al 21° de Virgo; 2° al 3° de Sagitario; 14° al 15° de Acuario; 10° al 15° de Leo.

La persona nacida bajo su influencia

Yerathel defiende de los enemigos, lo cual puede interpretarse como una defensa no sólo de los enemigos propiamente externos, sino también como protección de todo lo que nos aleja del orden natural, el orden Divino. Los influidos por Yerathel son amantes de la paz, la justicia, las ciencias y las artes y, especialmente, amantes de la literatura. Bajo esta influencia las personas fácilmente serán divulgadoras de estos de la paz mediante sus escritos.

Lo que otorga

- Confunde a los malvados y enemigos.
- Protege contra los ataques injustos.
- Misión propagadora de la luz y la libertad.
- Vivir en paz, entre hombres sabios.
- Ayuda a no caer bajo ninguna dependencia.

Propuesta personal

Vencer la esclavitud de los vicios.

los 72 ángeles, seres de luz que te acompañarán toda tu vida

las dominaciones

Seheiah te protege de las catástrofes.

los 72 ángeles

la luz del universo

28. Seheiah

Significa: «Dios que sana a los enfermos».
Esencia que aporta: Salud y longevidad.
Días de regencia: 18 de abril; 2 de julio; 15 de septiembre; 26 de noviembre; 5 de febrero. Del 8 al 13 de agosto.
Regencia zodiacal: 27° al 28° de Aries; 9° al 10° de Cáncer; 21° al 22° de Virgo; 3° al 4° de Sagitario; 15° al 16° de Acuario; 15° al 20° de Leo.

La persona nacida bajo su influencia

Seheiah es un ángel particularmente sanador y quien esté influido por él será probablemente un sanador. Seheiah aporta no sólo una larga vida plena de salud sino también prudencia y juicio. Ahora bien, si esta influencia se desequilibra la persona influida por Seheiah podría pasar de ser sanador a lo contrario, destructivo para sí mismo y para los demás.

Lo que otorga

- Protege contra los incendios y ruinas de los edificios.
- Protege contra las caídas, los accidentes, las catástrofes.
- Longevidad.
- Aporta prudencia y buen juicio.
- Protege contra los rigores del propio destino.

Propuesta personal

Tomar conciencia de los errores y corregirlos.

29. Reiyel

Significa: «Dios pronto a socorrer».
Esencia que aporta: Liberación.
Días de regencia: 19 de abril; 3 de julio; 16 de septiembre; 27 de noviembre; 6 de febrero. Del 14 al 18 de agosto.
Regencia zodiacal: 28° al 29° de Aries; 10° al 11° de Cáncer; 22° al 23° de Virgo; 4° al 5° de Sagitario; 16° al 17° de Acuario; 20° al 25° de Leo.

los 72 ángeles, seres de luz que te acompañarán toda tu vida

las dominaciones

Reiyel favorece la consciencia para la trascendencia.

los 72 ángeles

la luz del universo

los 72 ángeles, seres de luz que te acompañarán toda tu vida

las dominaciones

Reiyel te libera de los enemigos.

La persona nacida bajo su influencia

Reiyel es un ángel que favorece la consciencia de la trascendencia y por lo tanto nos libera de las ataduras a lo material. Esta toma de consciencia de la trascendencia es lo que permite a los influidos por este ángel ver la realidad material con otros ojos, con los ojos del espíritu. A su vez, esta liberación de lo material conlleva también una liberación de los particularismos o ataduras humanas de raza, pueblo o país y ofrece una visión global e integradora del hombre.

Reiyel aporta también a quienes han nacido bajo su influencia el afán por extender la verdad a su alrededor y para ello favorecen los momentos de reflexión o meditación ante las dificultades.

Lo que otorga
- Liberación de los enemigos.
- Liberación de embrujos y mal de ojo.
- Inspiración para las plegarias y discursos.
- Amor y celo en la propagación de la verdad.
- Protege contra el fanatismo y la hipocresía.

Propuesta personal
Vencer el fanatismo y desarrollar la tolerancia.

30. Omael

Significa: «Dios Paciente».
Esencia que aporta: Multiplicación y productividad.
Días de regencia: 20 de abril; 4 de julio; 17 de septiembre; 28 de noviembre; 7 de febrero. Del 19 al 23 de agosto.
Regencia zodiacal: 29° al 30° de Aries; 11° al 12° de Cáncer; 23° al 24° de Virgo; 5° al 6° de Sagitario; 17° al 18° de Acuario; 25° al 30° de Leo.

La persona nacida bajo su influencia

Los omaelianos disfrutan de la productividad y la expansión en todos los aspectos de su vida: descendencia, negocios, cosechas, etc. Pero esta productividad no sólo les alcanza a ellos sino también a cuantos les rodean.

Quienes nacen bajo el influjo de Omael son portadores de la felicidad y suelen ser personas destacadas en medicina o incluso en la investigación farmacéutica.

Lo que otorga

- Paciencia en los avatares y miserias de la vida.
- Fecundidad en las parejas y partos normales.
- La venida al mundo de un alma noble a través de la generación.
- Facilidad para el estudio de anatomía y medicina.
- Protege contra la tentación de oponerse de alguna manera a la propagación de los seres.

Propuesta personal

Ser dador de vida.

---

los 72 ángeles, seres de luz que te acompañarán toda tu vida

las dominaciones

Omael te otorga paciencia frente a las miserias de la vida y te ayuda en el estudio de la medicina.

los 72 ángeles

la luz del universo

los 72 ángeles, seres de luz que te acompañarán toda tu vida

las dominaciones

Lecabel te otorga fortuna gracias al talento natural.

31. Lecabel

Significa: «Dios que inspira».
Esencia que aporta: Capacidad de resolución.
Días de regencia: 21 de abril; 5 de julio; 18 de septiembre; 29 de noviembre; 8 de febrero. Del 24 al 28 de agosto.
Regencia zodiacal: 0° al 1° de Tauro; 12° al 13° de Cáncer; 24° al 25° de Virgo; 6° al 7° de Sagitario; 18° al 19° de Acuario; 0° al 5° de Virgo.

La persona nacida bajo su influencia

Los influidos por Lecabel poseen una gran capacidad para decidir y resolver situaciones difíciles, dejándose guiar más por el intelecto que por el corazón. Los lecabelianos poseen la capacidad para entender en toda circunstancia el momento adecuado para actuar de un modo u otro de ahí que sean mayoritariamente personas capaces de organizar una empresa o sacarla adelante en momentos de crisis. Suelen ser unos apasionados de las ciencias exactas como las matemáticas, la geometría o la astronomía.

Lo que otorga

- Cosechas abundantes.
- Ideas luminosas para resolver problemas difíciles.
- Fortuna gracias al talento natural.
- Facilidad para el estudio de las matemáticas y la geografía.
- Protege contra los usureros y los avariciosos.

los 72 ángeles

la luz del universo

Propuesta personal

Ser capaz de comprender los antagonismos.

32. Vasariah

Significa: «Dios Justo».
Esencia que aporta: Justicia y clemencia.
Días de regencia: 22 de abril; 6 de julio; 19 de septiembre; 30 de noviembre; 9 de febrero. Del 29 de agosto al 2 de septiembre.
Regencia zodiacal: 1º al 2º de Tauro; 13º al 14º de Cáncer; 25º al 26º de Virgo; 7º al 8º de Sagitario; 19º al 20º de Acuario y 5º al 10º de Virgo.

La persona nacida bajo su influencia

La justicia y la clemencia inspiradas por Vasariah llevan no sólo a aplicarlas con uno mismo, sino también con los demás. La influencia de este ángel domina sobre las personas dedicadas a la justicia (abogados, magistrados, jueces, etc.). Su influencia hace que estas personas posean un alma noble, sean amables, modestas y espirituales.

Lo que otorga

- Protección contra los que nos atacan en justicia.
- Obtener la gracia y el favor de los que ostentan el poder.
- Protege de todo lo relacionado con las leyes, la justicia, etc.
- Feliz memoria y facilidad para expresarse.
- Combate las malas cualidades de cuerpo y de alma.

Propuesta personal

Ser ejemplo de rectitud y de orden.

POTESTADES

Ángeles al servicio de Gueburah: Fuerza

Las Potestades son también denominadas como Potencias o Energías. El texto bíblico y concretamente en el Nuevo Testamento, se habla de las potestades en distintos pasajes: Efesios 1, 21; Colosenses 1, 16; y 1 Pedro 3, 22).

Este orden de ángeles fue el primero creado por Dios y son estos ángeles los que cuidan de la zona que linda entre los dos Cielos de modo que guían a las almas perdidas para que sigan el buen camino y luchan para que los demonios no se apoderen del mundo. Las Potencias o Potestades protegen a la humanidad entera del mal y protegen a los hombres en particular de la perniciosa influencia de Satanás.

Estos ángeles muestran bien la pugna entre el bien y el mal, lo espiritual y lo material. Luchan por mantener el difícil equilibrio entre estas dos realidades opuestas en el interior de cada alma. Su servicio es la justicia ya que su misión es ni más ni menos que la de reconciliar opues-

Los ángeles de las Potestades protegen a la humanidad entera del mal.

los 72 ángeles

la luz del universo

los 72 ángeles, seres de luz que te acompañarán toda tu vida

tos. Lograr que en el interior de cada alma humana la lucha espiritual entre el bien llegue a convertirse en una unidad, unidad, claro está, con la Unidad por excelencia que es Dios.

Las ocho Potestades son

33. Yehuiah   34. Lehahiah
35. Chavakiah   36. Menadel
37. Aniel   38. Haamiah
39. Rehael   40. Ieiazel

las potestades

33. Yehuiah

Significa: «Dios que conoces todas las cosas».
Esencia que aporta: Subordinación.
Días de regencia: 23 de abril; 7 de julio; 20 de septiembre; 1 de diciembre; 10 de febrero. Del 3 al 8 de septiembre.
Regencia zodiacal: 2° al 3° de Tauro; 14° al 15° de Cáncer; 26° al 27° de Virgo; 8° al 9° de Sagitario; 20° al 21° de Acuario; 10° al 15: de Virgo.

La persona nacida bajo su influencia

Yehuiah permite a su influido ser consciente de la jerarquía y, por tanto, ser consciente de su lugar y su subordinación a los superiores. También nos da el conocimiento de la jerarquía de valores, la distinción entre lo que realmente es importante y lo que no lo es. Sus influenciados apoyan lo que es desinteresado y por tanto todo lo relacionado con el mundo del voluntariado y las ONG.

Lo que otorga

- Impide los proyectos y maquinaciones de los traidores.
- Protege contra las acechanzas de los malvados.
- Obediencia y fidelidad de los subordinados.
- Cumplimiento de las obligaciones.
- Protege contra la tentación de rebelarse y combatir los poderes legítimos.

Propuesta personal

Vencer la prueba de la traición.

---

los 72 ángeles, seres de luz que te acompañarán toda tu vida

las potestades

Yehuiah protege de los malvados e impide las maquinaciones de los traidores.

los 72 ángeles

la luz del universo

34. Lehahiah

Significa: «Dios Clemente».
Esencia que aporta: Obediencia.
Días de regencia: 24 de abril; 8 de julio; 21 de septiembre; 2 de diciembre; 11 de febrero. Del 9 al 13 de septiembre.
Regencia zodiacal: 3º al 4º de Tauro; 15º al 16º de Cáncer; 27º al 28º de Virgo; 9º al 10º de Sagitario; 21º al 22º de Acuario; 15º al 20º de Virgo.

La persona nacida bajo su influencia

La influencia de Lehahiah hace que sus influidos tengan un alto grado de obediencia a la Ley y un alto grado de sentido del deber. Lehahiah hace también que se sepan aceptar las dificultades y por ello ayuda a mantener el equilibrio y la paz tanto interna como externa. Los influidos por este ángel son fieles a sus principios por lo que son merecedores de la confianza de los demás y pueden ocupar puestos elevados.

Lo que otorga

- Calmar la cólera del propio corazón y la de los demás.
- Comprensión de las Leyes Divinas.
- Obtención de favores de personas influyentes.
- Éxito en las peticiones a ministros y directores.
- Protege contra la tentación de declarar la guerra.

Propuesta personal

Encontrar equilibrio y armonía entre rigor y tolerancia.

35. Chavakiah

Significa: «Dios que da la alegría».
Esencia que aporta: Reconciliación.
Días de regencia: 25 de abril; 9 de julio; 22 de septiembre; 3 de diciembre; 12 de febrero. Del 14 al 18 de septiembre.
Regencia zodiacal: 4º al 5º de Tauro; 16º al 17º de Cáncer; 28º al 29º de Virgo; 10º al 11º de Sagitario; 22º al 23º de Acuario; 20º al 25º de Virgo.

La persona nacida bajo su influencia

Chavakiah pone en sus influenciados los medios necesarios para reconciliarse con su pasado negativo. La reconciliación será también para el presente, de ahí que estas personas sean ideales para reconciliar a los demás y, por tanto, idóneas para las resolver conflictos o divergencias en casos de testamentos y herencias.

Lo que otorga

- Entrar en gracia con aquellos a los que hemos ofendido.
- Cierre y aceptación amistosa de testamentos entre miembros de la familia.
- Paz y armonía familiar.
- Comprensión entre padres e hijos.
- Evita caer en la tentación de provocar la discordia y los procesos ruinosos e injustos.

Propuesta personal

Crear futuro, utilizando el verbo para ello.

---

los 72 ángeles, seres de luz que te acompañarán toda tu vida

las potestades

Chavakiah evita la discordia y facilita la comprensión.

los 72 ángeles

la luz del universo

los 72 ángeles, seres de luz que te acompañarán toda tu vida

las potestades

Menadel te libera de los malos hábitos y te ayuda a conservar el empleo.

36. Menadel

Significa: «Dios Adorable».
Esencia que aporta: Trabajo.
Días de regencia: 26 de abril; 10 de julio; 23 de septiembre; 4 de diciembre; 12 de febrero. Del 19 al 23 de septiembre.
Regencia zodiacal: 5º al 6º de Tauro; 17º al 18º de Cáncer; 29º al 30º de Virgo; 11º al 12º de Sagitario; 23º al 24º de Acuario; 25º al 30º de Virgo.

La persona nacida bajo su influencia

Las personas nacidas bajo su influencia además de tener la disposición para poner manos a la obra y resolver situaciones complicadas, tendrán también una buena disposición para el trabajo que no les faltará. Pero Menadel ayuda también a conocer el trabajo que la persona debe llevar a cabo relacionado con su interior de ahí que Menadel sea una esencia que lleva a la Verdad. Menadel es útil para conservar un puesto de trabajo, liquidar un pasado que nos hace arrastrar un karma negativo y, por lo tanto, ayuda a sus a liberarse de los hábitos que son un lastre.

Lo que otorga

- Conservar el empleo.
- Protege contra los calumniadores.
- Libera de los hábitos viciosos que nos oprimen.
- Noticias de las personas alejadas.
- Recuperar bienes extraviados o perdidos.

los 72 ángeles

la luz del universo

Propuesta personal

Vencer la esclavitud de los hábitos viciosos.

los 72 ángeles,
seres de luz que
te acompañarán
toda tu vida

las potestades

los 72 ángeles

la luz del universo

> los 72 ángeles, seres de luz que te acompañarán toda tu vida

> las potestades

37. Aniel

Significa: «Dios de las Virtudes».
Esencia que aporta: Romper el acero.
Días de regencia: 27 de abril; 11 de julio; 24 de septiembre; 5 de diciembre; 13 de febrero. Del 24 al 28 de septiembre.
Regencia zodiacal: 6º al 7º de Tauro; 18º al 19º de Cáncer; 0º al 1º de Libra; 12º al 13º de Sagitario; 24º al 25º de Acuario; 0º al 5º de Libra.

La persona nacida bajo su influencia

La esencia de «romper el acero» que lleva este ángel significa que los nacidos bajo este ángel sabrán romper con el pasado y dar paso al futuro aunque antes deberán librar una lucha interna para decidir entre lo pasado y lo futuro. Las personas nacidas bajo este influjo destacan en arte, ciencia y filosofía. Lograrán fama y por ello mismo enfrentamientos.

> Aniel te ayuda a vencer los obstáculos de la vida.

Lo que otorga

- Vencer los obstáculos que provienen de las circunstancias de la vida.
- Celebridad por la sabiduría sobre los secretos de las cosas
- Inspiración en el estudio de las leyes del universo.
- Favorece el acceso a las ciencias y las artes.
- Preserva de los charlatanes y de los que viven de engañar a los hombres.

> los 72 ángeles
> la luz del universo

Propuesta personal

Reflexionar sobre el pasado y orientar el futuro.

38. Haamiah

Significa: «Dios la esperanza de todas las criaturas de la tierra».

Esencia que aporta: Sentido ritual o litúrgico

Días de regencia: 28 de abril; 12 de julio; 25 de septiembre; 6 de diciembre; 14 de febrero. Del 29 de septiembre al 3 de octubre.

Regencia zodiacal: 7° al 8° de Tauro; 19° al 20° de Cáncer; 1° al 2° de Libra; 13° al 14° de Sagitario; 25° al 26° de Acuario; 5° al 10° de Libra.

La persona nacida bajo su influencia

Haamiah hace que sus influenciados puedan convertir la vida en un ritual afín de vivirla en armonía con el universo. Así, los nacidos bajo su influencia poseerán los tesoros del Cielo y de la Tierra: voluntad para ser iniciador; sabiduría para ser luz e inteligencia para comprender las leyes universales. La voluntad lleva a adquirir experiencia, la sabiduría produce la unidad y la inteligencia el discernimiento.

Lo que otorga

- Comprensión de los rituales religiosos.
- Protege en la búsqueda de la verdad.
- Adquirir todos los tesoros del Cielo y de la Tierra.
- Protección contra el rayo y los espíritus infernales.
- Protección para encontrar el camino.

Propuesta personal

Ser portador de renovación.

---

los 72 ángeles, seres de luz que te acompañarán toda tu vida

las potestades

Haamiah te otorga proteccción en la búsqueda de la verdad y te ayuda a adquirir los tesoros del Cielo y la Tierra.

los 72 ángeles

la luz del universo

39. Rehael

Significa: «Dios que recibe a los pecadores».
Esencia que aporta: Sumisión filial.
Días de regencia: 29 de abril; 13 de julio; 26 de septiembre; 7 de diciembre; 15 de febrero. Del 4 al 8 de octubre.
Regencia zodiacal: 8º al 9º de Tauro; 20º al 21º de Cáncer; 2º al 3º de Libra; 14º al 15º de Sagitario; 26º al 27º de Acuario; 10º al 15º de Libra.

La persona nacida bajo su influencia

Los nacidos bajo la influencia de Rehael comprenden que cuanto proviene de su padre es realmente lo bueno para ellos y lo verdadero de modo que serán precisos en llevar a cabo la voluntad de su padre. Sin embargo si esta esencia se asimila al contrario puede dar lugar a enfrentamientos entre padre e hijo. Además de las relaciones entre padre e hijo, Rehael domina también sobre la salud y la vejez.

Lo que otorga

- Curación de enfermedades.
- Amor y buen entendimiento entre padres e hijos.
- Longevidad.
- Conservación de la salud.
- Protección contra los impulsos crueles y destructores: contra los infanticidios y parricidios.

Propuesta personal

No transferir a los demás nuestros problemas y compromisos.

---

los 72 ángeles, seres de luz que te acompañarán toda tu vida

las potestades

Rehael otorga longevidad y facilita el buen entendimiento de padres e hijos.

los 72 ángeles

la luz del universo

40. Ieiazel

Significa: «Dios que regocija».
Esencia que aporta: Consuelo y alegría.
Días de regencia: 30 de abril; 14 de julio; 27 de septiembre; 8 de diciembre; 16 de febrero. Del 9 al 13 de octubre.
Regencia zodiacal: 9º al 10º de Tauro; 21º al 22º de Cáncer; 3º al 4º de Libra; 15º al 16º de Sagitario; 27º al 28º de Acuario; 15º al 20º de Libra.

La persona nacida bajo su influencia

Ieiazel es el ángel que hace que la razón prevalezca por encima de la pasión. Además Ieiazel es el ángel número 40 lo cual nos remite a los 40 años de travesía del pueblo elegido por el desierto y los 40 días del diluvio y es que Ieiazel marca el final de lo antiguo y el inicio de lo nuevo. De ahí Ieiazel sea el ángel que ayudará a finalizar los períodos de dificultad. Ieiazel está muy unido con las personas que difunden ideas mediante la letra escrita (impresores, editores, libreros, bibliotecarios, etc.)

Lo que otorga

- Ver editadas las obras literarias.
- Liberación de los prisioneros.
- Consuelo en los avatares de la vida.
- Amor por la lectura y el estudio de las ciencias.
- Protección contra los pensamientos sombríos y el desinterés por las tareas sociales.

Propuesta personal

Liberarse de los enemigos interiores.

VIRTUDES

Ángeles al servicio de Tiphereth: Belleza

Los ángeles de este orden (quinto coro de los espíritus bienaventurados) son los que conceden favores al hombre en forma de milagros pudiendo ayudarnos a lograr coraje. En el momento de la Ascensión de Cristo la narración bíblica presenta a Jesús ascendiendo a los cielos llevado por dos ángeles de este orden. De ellos provienen la paz y la bondad.

Probablemente las virtudes sean los ángeles más queridos por los hombres ya que son estos ángeles los que realizan milagros, ofrecen a los humanos apoyo y fuerza moral para vencer las dificultades. También ellos los que dispensan al hombre piadoso la gracia de Dios.

Los ángeles de este orden son los que conceden favores en forma de milagros.

Las ocho Virtudes son

41. Hahahel	42. Mikael	43. Veuliah	44. Ylahiah
45. Sealiah	46. Arial	47. Asaliah	48. Mihael

los 72 ángeles

la luz del universo

41. Hahahel

Significa: «Dios en Tres Personas».
Esencia que aporta: Entrega y consagración a Dios.
Días de regencia: 1 de mayo; 15 de julio; 28 de septiembre; 9 de diciembre; 17 de febrero. Del 14 al 18 de octubre.
Regencia zodiacal: 10º al 11º de Tauro; 22º al 23º de Cáncer; 4º al 5º de Libra; 16º al 17º de Sagitario; 28º al 29º de Acuario; 20º al 25º de Libra.

La persona nacida bajo su influencia

Hahahel, el ángel número 41 señala el día del cambio, el día que se consagra a Dios. De ahí que se le relaciona con el desprendimiento y la entrega o consagración a Dios. Luego Hehahel se relaciona con las personas implicadas en la religión como sacerdotes y misioneros. Los nacidos bajo su influencia destacan por la grandeza y la generosidad de su alma. De hecho estas personas probablemente se consagrarán a Dios y al servicio de las almas.

Lo que otorga

- Que la fe arraigue en la naturaleza humana.
- Inspiración en pláticas religiosas.
- Vocación para las misiones.
- Grandeza de alma para dedicarse al sacerdocio y al servicio de Dios.
- Evita los impulsos que llevan a renegar de Dios.

Propuesta personal

Ser protagonista de la Pureza.

42. Mikael

Significa: «Virtud de Dios, Casa de Dios, Semejante a Dios».

Esencia que aporta: Orden político.

Días de regencia: 2 de mayo; 16 de julio; 29 de septiembre; 10 de diciembre; 18 de febrero. Del 19 al 23 de octubre.

Regencia zodiacal: 11° al 12° de Tauro; 23° al 24° de Cáncer; 5° al 6° de Libra; 17° al 18° de Sagitario; 29° al 30° de Acuario; 25° al 30° de Libra.

La persona nacida bajo su influencia

Mikael es el ángel que de algún modo continúa la obra de los ángeles números 40 y 41, es decir Ieiazel (ángel 41) que simbolizaba el paso de lo viejo a lo nuevo, y Hehahel, el primer día tras el gran cambio. Ahora, Mikael inspira el nuevo modo de ser del tiempo nuevo de la Nueva Era. Los nacidos bajo su influjo son idóneos para colaborar en este nuevo orden trabajando en la esfera de lo político y la diplomacia.

Lo que otorga
- Seguridad en los viajes.
- Suerte en asuntos de política.
- Intuición y olfato diplomático.
- Triunfo en las relaciones exteriores, en las embajadas.
- Intuición para descubrir a los traidores.

Propuesta personal
Ser protagonista de la Pureza.

---

los 72 ángeles, seres de luz que te acompañarán toda tu vida

las virtudes

Mikael otorga intuición en los asuntos diplomáticos.

los 72 ángeles

la luz del universo

los 72 ángeles,
seres de luz que
te acompañarán
toda tu vida

las virtudes

los 72 ángeles

la luz del universo

43. Veuliah

Significa: «Rey Dominador».
Esencia que aporta: Prosperidad.
Días de regencia: 3 de mayo; 17 de julio; 30 de septiembre; 11 de diciembre; 19 de febrero. Del 24 al 28 de octubre.
Regencia zodiacal: 12° al 13° de Tauro; 24° al 25° de Cáncer; 6° al 7° de Libra; 18° al 19° de Sagitario; 0° al 1° de Piscis; 0° al 5° de Escorpio.

La persona nacida bajo su influencia

Bajo la protección de este ángel todo es dado en abundancia ya que a través de Veuliah lo que pesa más no es lo negativo que hayamos podido hacer, sino las acciones nobles que hayamos realizado. Para ello, los nacidos bajo la influencia de este ángel deberán hacer lo mismo que Veuliah: Veuliah enfatiza lo positivo de los nacidos bajo su esencia y éstos a su vez deben ver lo positivo de cuantos le rodean e ignorar lo negativo.

Lo que otorga

- Vencer al enemigo y liberarse de las dependencias.
- Prosperidad en las empresas.
- Fortalece lo que se tambalea en nuestra vida.
- Triunfo en carrera militar.
- Protección contra la discordia y la destrucción de la empresa.

Propuesta personal

Armonía entre los sentimientos y el pensamiento.

---

los 72 ángeles, seres de luz que te acompañarán toda tu vida

las virtudes

Veuliah otorga prosperidad en las empresas y fortalece lo que se tambalea de nuestra vida.

los 72 ángeles

la luz del universo

los 72 ángeles, seres de luz que te acompañarán toda tu vida

las virtudes

Ylahiah nos otorga valor en los momentos difíciles y protección contra las armas y los ladrones.

los 72 ángeles

la luz del universo

44. Ylahiah

Significa: «Rey Eterno».
Esencia que aporta: Talento militar.
Días de regencia: 4 de mayo; 18 de julio; 1 de octubre; 12 de diciembre; 20 de febrero. Del 29 de octubre al 2 de noviembre.
Regencia zodiacal: 13º al 14º de Tauro; 25º al 26º de Cáncer; 7º al 8º de Libra; 19º al 20º de Sagitario; 1º al 2º de Piscis; 5º al 10º de Escorpio.

La persona nacida bajo su influencia

Ylahiah proporciona las armas y las herramientas necesarias para la persona que tiene que enfrentarse o luchar en la vida. Entre estas herramientas está el conocimiento que Ylahiah da sobre las estrategias para vencer. Ahora bien si la energía está mal canalizada dará lugar a lo contrario: un hombre violento.

Lo que otorga

- Protección de los magistrados para ganar un proceso.
- Protección contra las armas y los ladrones.
- Valor en los momentos difíciles.
- Conquista de la celebridad por una hazaña singular.
- Protege contra los impulsos que nos lleva a maltratar o matar a seres indefensos.

Propuesta personal

Superar las leyes injustas y caducas.

45. Sealiah

Significa: «Motor de todas las cosas».
Esencia que aporta: voluntad para resistir y continuar.
Días de regencia: 5 de mayo; 19 de julio; 2 de octubre; 13 de diciembre; 21 de febrero. Del 3 al 7 de noviembre.
Regencia zodiacal: 14° al 15° de Tauro; 26° al 27° de Cáncer; 8° al 9° de Libra; 20° al 21° de Sagitario; 2° al 3° de Piscis; 10° al 15° de Escorpio.

La persona nacida bajo su influencia

Sealiah es el ángel cuya esencia permite al hombre no detenerse ante los obstáculos o el cansancio. Es, además, el ángel del equilibrio y de la salud ya que él representa a Tipheret que es la esfera del corazón motor de la circulación sanguínea. Los nacidos bajo la influencia de Sealiah dispondrá de muchas facilidades pues cuenta con la energía de la voluntad continuadora lo cual hará que esta persona pueda llegar a conocer su Yo Divino y llevar a cabo su programa de vida hacia la trascendencia.

Lo que otorga

- Confundir a los malvados y orgullosos.
- Triunfo de los humildes.
- Salud y plenitud.
- Facilidad para el aprendizaje de cualquier cosa.
- Equilibrio atmosférico.

Propuesta personal

Vencer el orgullo y el triunfo de la humildad.

los 72 ángeles, seres de luz que te acompañarán toda tu vida

las virtudes

Arial nos otorga ideas nuevas y pensamientos sublimes.

los 72 ángeles

la luz del universo

46. Arial

Significa: «Dios Revelador».
Esencia que aporta: Recepción reveladora.
Días de regencia: 6 de mayo; 20 de julio; 3 de octubre; 14 de diciembre; 22 de febrero. Del 8 al 12 de noviembre.
Regencia zodiacal: 15º al 16º de Tauro; 27º al 28º de Cáncer; 9º al 10º de Libra; 21º al 22º de Sagitario; 3º al 4º de Piscis; 15º al 20º de Escorpio.

La persona nacida bajo su influencia

Los influidos por Arial son las personas más idóneas para recibir el conocimiento de los secretos del universo y recibir en sueños la visión de todo aquello que desean para cuya interpretación deberán conocer bien la simbología. Ello conlleva que estas personas deberán transmitir estos conocimientos y ser agradecidos. Se trata de personas de espíritu fuerte con capacidad para las ideas nuevas y pensamientos elevados, que suelen vencer sus problemas por difíciles que parezcan y que en su comportamiento son discretas y circunspectas.

Lo que otorga

- Sueños que producen el deseo de realizarlos.
- Ideas nuevas y pensamientos sublimes.
- Discreción sobre nuestras obras.
- Protección contra las tribulaciones de espíritu.

Propuesta personal

Superar las ataduras del pasado y abordar nuevas etapas.

los 72 ángeles, seres de luz que te acompañarán toda tu vida

las virtudes

los 72 ángeles

la luz del universo

47. Asaliah

Significa: «Dios Justo que enseña la Verdad».
Esencia que aporta: Contemplación.
Días de regencia: 7 de mayo; 21 de julio; 4 de octubre; 15 de diciembre; 23 de febrero. Del 13 al 17 de noviembre.
Regencia zodiacal: 16º al 17º de Tauro; 28º al 29º de Cáncer; 10º al 11º de Libra; 22º al 23º de Sagitario; 4º al 5º de Piscis; 20º al 25º de Escorpio.

La persona nacida bajo su influencia

Los nacidos bajo este influjo celestial poseen una visión más elevada y global por lo que a veces son tomados por iluminados ya que en ocasiones incluso han desarrollado algunas facultades paranormales. Estas personas gozan de una relación muy directa con Dios por lo que muchas veces son buenos psicólogos, buenos conocedores del alma humana y, en definitiva, excelentes instructores. Suelen ser personas muy intuitivas e incluso algunas pueden leer los pensamientos de los demás.

Lo que otorga
- Elevarnos hasta la Divinidad.
- Conocimiento de la verdad en los procesos internos y los externos.
- Comprensión de la mecánica cósmica.
- Conseguir carácter agradable y justo.
- Protección contra la inmoralidad y los escándalos.

Propuesta personal
Ser justo.

48. Mihael

Significa: «Dios Padre socorrible».
Esencia que aporta: Generación.
Días de regencia: 8 de mayo; 22 de julio; 5 de octubre; 16 de diciembre; 24 de febrero. Del 18 al 22 de noviembre.
Regencia zodiacal: 17º al 18º de Tauro; 29º al 30º de Cáncer; 11º al 12º de Libra; 23º al 24º de Sagitario; 5º al 6º de Piscis; 25º al 30º de Escorpio.

los 72 ángeles, seres de luz que te acompañarán toda tu vida

las virtudes

Mihael es invocado como «el ángel del amor».

los 72 ángeles

la luz del universo

los 72 ángeles, seres de luz que te acompañarán toda tu vida

los principados

Mihael otorga paz y armonía en las uniones conyugales.

La persona nacida bajo su influencia

Las influidas por este ángel son personas que con frecuencia se mueven por los fuertes deseos de modo que son personas con muchas experiencias vividas y que logran aquello que desean. Mihael otorga unión entre los esposos y es un ángel idóneo para lo relacionado con la fecundidad y las relaciones conyugales. Las personas nacidas bajo la influencia de Mihael son apasionados del amor, los placeres en general y los paseos. Por todo ello con frecuencia se invoca a Mihael como el «ángel del amor».

Lo que otorga

- Paz y armonía entre esposos, amistad y fidelidad conyugal.
- Presentimientos e inspiraciones secretas sobre lo que ha de ocurrir.
- Fecundidad en las relaciones sexuales.
- Protección a los que recurren a él.
- Protección contra el impulso que nos lleva a la desunión.

Propuesta personal

Ser fuente de Vida.

Principados

Ángeles al servicio de Netzah: Victoria

Los principados son los ángeles guardianes de las naciones y todos los pueblos de la Tierra. Los principados se ocupan globalmente del hombre y protegen a las religiones del mundo.

Los ángeles de este nivel son los guardianes de todas las naciones y los pueblos de la Tierra.

Los ocho Principados son

49. Vehuel	50. Daniel
51. Hahasiah	52. Imamiah
53. Nanael	54. Nithael
55. Mebahiah	56. Poyel

los 72 ángeles

la luz del universo

49. Vehuel

Significa: «Dios Grande y Elevado».
Esencia que aporta: Elevación y grandeza.
Días de regencia: 9 de mayo; 24 de julio; 6 de octubre; 17 de diciembre; 25 de febrero. Del 23 al 27 de noviembre.
Regencia zodiacal: 18º al 19º de Tauro; 0º al 1º de Leo; 12º al 13º de Libra; 24º al 25º de Sagitario; 6º al 7º de Piscis; 0º al 5º de Sagitario.

La persona nacida bajo su influencia

Vehuel nos recuerda nuestra grandeza como seres espirituales creados por Dios a su imagen y semejanza. De ahí que Vehuel sea un buen antídoto para rehuir de las bajas pasiones que nos alejan de nuestra grandeza original.

Los nacidos bajo las horas de este ángel son personas conscientes de que deben ser agradecidos por su origen y a la vez, capaces para transformar la Tierra; poseen un alma sensible y destacan como personas capaces de abrir con sus buenas acciones los caminos de la nueva inteligencia de la Nueva Era.

Lo que otorga

- Canal para exaltarse hacia Dios.
- Elevación gracias a nuestras virtudes y talento.
- Conseguir la estima de todos por nuestra bondad y generosidad.
- Éxito en la literatura, jurisprudencia y diplomacia.
- Protege contra el egoísmo, el odio y la hipocresía.

Propuesta personal

Vencer el odio y las tendencias egoístas.

50. Daniel

Significa: «El Signo de las Misericordias, el Ángel de las Confesiones».
Esencia que aporta: Elocuencia.
Días de regencia: 10 de mayo; 25 de julio; 7 de octubre; 18 de diciembre; 26 de febrero. Del 28 de noviembre al 2 de diciembre.
Regencia zodiacal: 19° al 20° de Tauro; 1° al 2° de Leo; 13° al 14° de Libra; 25° al 26° de Sagitario; 7° al 8° de Piscis; 5° al 10° de Sagitario.

La persona nacida bajo su influencia

Son personas elocuentes, capaces de expresarse con convicción, lo cual les será de muchísima utilidad para todos los trabajos en los que la comunicación verbal es la herramienta principal (comerciales y vendedores, periodistas, abogados, jueces y magistrados, locutores, conferenciantes, etc.). Pero además este ángel otorga misericordia, que suele empezar por la misericordia con uno mismo para luego aplicarse a cuantos nos rodean.

Lo que otorga

- Se obtiene consuelo para todos los males.
- Perdón de las injurias y de los pecados.
- Rejuvenecimiento, recuperación de la gracia y de la belleza.
- Inspiración para que los dubitativos puedan por fin decidirse.
- Aleja de la tentación de vivir por medios ilícitos.

Propuesta personal

Ser consuelo para los que experimentan la adversidad y el rigor.

Daniel nos otorga consuelo para todos los males y el perdón de los pecados.

> los 72 ángeles, seres de luz que te acompañarán toda tu vida

> los principados

> Las personas influidas por Hahasiah serán buenos médicos, grandes curanderos y, sobre todo, alquimistas.

> los 72 ángeles
> la luz del universo

51. Hahasiah

Significa: «Dios Oculto».
Esencia que aporta: Medicina universal, medicina de las causas.
Días de regencia: 11 de mayo; 26 de julio; 8 de octubre; 19 de diciembre; 27 de febrero. Del 3 al 7 de diciembre.
Regencia zodiacal: 20º al 21º de Tauro; 2º al 3º de Leo; 14º al 15º de Libra; 26º al 27º de Sagitario; 8º al 9º de Piscis; 10º al 15º de Sagitario.

La persona nacida bajo su influencia

Así como Omael (ángel nº 30) influía sobre los efectos del mal, Hahasiah lo hace sobre las causas. Este ángel otorga a sus influidos la capacidad para comprender el mundo desde arriba, es decir, comprender lo terrenal a partir de la comprensión de la divinidad. Por eso estos influidos por Hahasiah no sólo serán grandes curanderos sino que serán mucho más porque más que de medicina debemos hablar de metafísica y de alquimia. Si, muchas de estas personas serán buenos médicos, pero sobre todo serán alquimistas ya que su elevada ciencia proviene de la verdad suprema que lleva a conocer todas las otras verdades, es una ciencia por inspiración.

Lo que otorga

- Contemplación de las cosas divinas y descubrimiento de los misterios de la Sabiduría.
- Vocación por la medicina.
- Misión redentora.

- Conocimientos de química y física; revelación de secretos de la naturaleza.
- Protección contra los que abusan de la buena fe, charlatanes y engatusadores.

Propuesta personal
Ser bondadoso.

los 72 ángeles, seres de luz que te acompañarán toda tu vida

los principados

Hahasiah otorga vocación por la *medicina*, la *física* y la *química*.

los 72 ángeles

la luz del universo

52. Imamiah

Significa: «Dios elevado por encima de todas las cosas».

Esencia que aporta: Expiación de los errores.

Días de regencia: 12 de mayo; 27 de julio; 9 de octubre; 20 de diciembre; 28 de febrero. Del 8 al 12 de diciembre.

Regencia zodiacal: 21° al 22° de Tauro; 3° al 4° de Leo; 15° al 16° de Libra; 27° al 28° de Sagitario; 9° al 10° de Piscis; 15° al 20° de Sagitario.

La persona nacida bajo su influencia

Imamiah es una esencia de enorme importancia ya que es el que en el terreno espiritual nos da la oportunidad de corregir y enmendar los errores pasados, es decir, el mal karma. Imamiah pone ante nosotros a todos los que en el pasado pudimos perjudicar y nos brinda la oportunidad de expiar nuestros errores. Pero a la vez Imamiah es una esencia fuerte de ahí que las personas de su influjo suelen ser de personalidad valiente capaces de soportar las adversidades, con gran capacidad para el trabajo. Estas personas pueden, con la ayuda de Imamiah, poner su fuerza y valentía al servicio del amor. Se dice también que este ángel protege a los prisioneros que bien puede referirse también a cuantos se hallan prisioneros del pasado o de hábitos perjudiciales.

Lo que otorga
- Destruir el poder del enemigo.

- Protección en los viajes.
- Protección de los prisioneros.
- Protege los que buscan la verdad.
- Protección contra la grosería, la maldad y el orgullo.

Propuesta personal
Liberarse de las fuerzas internas que se convierten en enemigas de la evolución.

los 72 ángeles, seres de luz que te acompañarán toda tu vida

los principados

Imamiah otorga protección en los viajes y contra la maldad.

los 72 ángeles

la luz del universo

53. Nanael

Significa: «Dios que rebajas los orgullosos».
Esencia que aporta: Comunicación espiritual.
Días de regencia: 14 de mayo; 28 de julio; 10 de octubre; 21 de diciembre; 1 de marzo. Del 13 al 17 de diciembre.
Regencia zodiacal: 22° al 23° de Tauro; 4° al 5° de Leo; 16° al 17° de Libra; 28° al 29° de Sagitario; 10° al 11° de Piscis; 20° al 25° de Sagitario.

La persona nacida bajo su influencia

Al igual que Ariel permitía conocer la verdad sobre la naturaleza, Nananel nos permite comprender los secretos del espíritu. Por eso Nananel es la esencia que nos pone en el camino de la comunicación espiritual; es, pues, la esencia de los eclesiásticos pero también es la esencia de los profesores y de cuantos enseñan pues ellos saben desprenderse de los que han aprendido y lo entregan. Los influenciados por Nananel gustan de la vida privada, el reposo y la meditación. Ahora bien si esta esencia es mal asimilada entonces la persona se convierte en un mal eclesiástico, un mal consejero o un profesor que nada enseña.

Lo que otorga

- Inspiración para el estudio de las Altas Ciencias.
- Inspira en sus trabajos a los profesores, magistrados y legisladores.
- Adquirir conocimientos transcendentes mediante la meditación.

- Rejuvenecimiento intelectual y físico.
- Protege contra la ignorancia y las malas cualidades de cuerpo y de alma.

Propuesta personal

Vencer el orgullo y la insolencia.

los 72 ángeles, seres de luz que te acompañarán toda tu vida

los principados

Nanael nos protege contra la ignorancia y es la inspiración para el estudio de las Altas Ciencias.

los 72 ángeles

la luz del universo

54. Nithael

Significa: «Rey de los Cielos».
Esencia que aporta: Legitimidad sucesoria.
Días de regencia: 15 de mayo; 29 de julio; 11 de octubre; 22 de diciembre; 2 de marzo. Del 18 al 22 de diciembre.
Regencia zodiacal: 23º al 24º de Tauro; 5º al 6º de Leo; 17º al 18º de Libra; 29º al 30º de Sagitario; 11º al 12º de Piscis; 25º al 30º de Sagitario.

La persona nacida bajo su influencia

La esencia de Nithael lleva en todo momento a buscar y diferenciar lo que es legítimo de lo que no lo es. Esta esencia bendice con la misericordia Divina y su estabilidad protege el puesto de trabajo. Los nacidos bajo este influjo lograrán celebridad, probablemente mediante los escritos y la elocuencia lo cual está reservado a los que realmente sepan asimilar positivamente esta esencia.

Lo que otorga

- Misericordia de Dios y larga vida.
- Apoyo a las peticiones que se dirigen a las altas dignidades.
- Conservación de lo legítimo.
- Adquirir celebridad a través de los escritos y la elocuencia.
- Protege contra los que atentan contra nuestra autoridad.

Propuesta personal

Lo estable es algo que no puede durar.

55. Mebahiah

Significa: «Dios Eterno».
Esencia que aporta: Lucidez intelectual.
Días de regencia: 16 de mayo; 30 de julio; 12 de octubre; 23 de diciembre; 3 de marzo. Del 23 al 27 de diciembre.
Regencia zodiacal: 24° al 25° de Tauro; 6° al 7° de Leo; 18° al 19° de Libra; 0° al 1° de Capricornio; 12° al 13° de Piscis; 0° al 5° de Capricornio.

La persona nacida bajo su influencia

La esencia de Mebahiah otorga a sus influidos de un gran intelecto lo cual les permite tener una elevada percepción de la realidad y analizar adecuadamente las situaciones de la vida. Son personas amantes de seguir los principios morales, personas con deseos de descendencia y, en general, deseos de crear para contribuir de un modo u otro a la continuación de la obra divina. Son, pues, personas entregadas a Dios y a los demás hombres que saben bien cómo ayudar a los demás mediante el consuelo.

Lo que otorga
- Ver cumplido los deseos de tener hijos.
- Mantenerse dentro de la moral.
- Propagación de ideas religiosas.
- Ser un bienhechor de la humanidad.
- Ayuda a los que quieren regenerarse.

Propuesta personal
Construir el reino de Dios en la Tierra.

56. Poyel

Significa: «Dios que sostiene el Universo».

Esencia que aporta: Fortuna y talento en equilibrio con la modestia.

Días de regencia: 17 de mayo; 31 de julio; 13 de octubre; 24 de diciembre; 4 de marzo. Del 28 al 31 de diciembre.

Regencia zodiacal: 25° al 26° de Tauro; 7° al 8° de Leo; 19° al 20° de Libra; 1° al 2° de Capricornio; 13° al 14° de Piscis; 5° al 10° de Capricornio.

La persona nacida bajo su influencia

Los influidos por Poyel son personas providenciales a quienes esta esencia otorga fortuna, reconocimiento, salud y vida tanto para ellos mismos como para quienes se relacionan con ellos. Su pensamiento es claro y comprensible para todos. Pero a la vez este éxito se combinará con la modestia. No impondrán su criterio, harán gala de un gran sentido del humor y vivirán siempre con alegría lo cual les facilita el hecho de vencer los momentos difíciles de la vida o las situaciones complicadas.

Lo que otorga

- Concede cualquier cosa que se le pida.
- Renombre, fortuna, saber filosófico y espiritual.
- Facilidad de expresión y la comunicación de ideas.
- Humor agradable, modestia y moderación.
- Protege contra el deseo de elevarse presuntuosamente por encima de los demás.

Propuesta personal

Hacer un buen uso del poder de la palabra.

Arcángeles

Ángeles al servicio de Hod: Gloria

Etimológicamente la voz arcángeles proviene del griego *-archos* que significa «jefe» o «principio» ya que los arcángeles son los principales guías del hombre y los principales mensajeros de Dios. Ellos son los ángeles que dirigen todo el ejército celestial para combatir la presencia de los démones o ángeles caídos.

En el mundo judío se reconocen 3 arcángeles (Miguel, Gabriel, Rafael y quizá incluso Uriel; entre los cristianos a estos 4 arcángeles se le sumarían tres más hasta completar el número de 7 arcángeles. También el *Libro de Henoch* cita 7 arcángeles. Y, según los musulmanes los arcángeles son solamente cuatro.

Los arcángeles son los principales guías del hombre y los mensajeros de Dios.

Los ocho arcángeles son

57. Nemamiah	58. Yeialel
59. Harahel	60. Mitzrael
61. Umabel	62. Iah-Hel
63. Anauel	64. Mehiel

los 72 ángeles

la luz del universo

los 72 ángeles, seres de luz que te acompañarán toda tu vida

los arcángeles

los 72 ángeles

la luz del universo

57. Nemamiah

Significa: «Dios loable».

Esencia que aporta: Entendimiento y discernimiento

Días de regencia: 18 de mayo; 1 de agosto; 14 de octubre; 25 de diciembre; 5 de marzo. Del 1 al 5 de enero.

Regencia zodiacal: 26° al 27° de Tauro; 8° al 9° de Leo; 20° al 21° de Libra; 2° al 3° de Capricornio; 14° al 15° de Piscis; 10° al 15° de Capricornio.

La persona nacida bajo su influencia

Este primer arcángel procura constantemente que sigamos en todo momento el plan de nuestra vida. De ahí que Nemamiah esté presente en esos momentos de la vida en los que no sabemos exactamente por qué estamos actuando de un modo determinado y no de otro o por qué nos unimos a unas personas y no a otras. Nemamiah domina sobre las personas que se sienten cercanas al estado militar o personas que destacan por su valentía o por su grandeza de alma.

Nemamiah distingue con su esencia a quienes actúan con valentía para realizar el cambio de las nuevas ideas, las personas de vanguardia y para lograr sus objetivos les concede la capacidad intelectual para triunfar.

Lo que otorga

- Prosperidad general en las distintas facetas de la vida.
- Conseguir el mando en el combate por una causa justa.

los 72 ángeles, seres de luz que te acompañarán toda tu vida

- Ascenso rápido en la carrera militar.
- Bravura y grandeza de alma; capacidad para soportar las fatigas.
- Protege contra la tentación de atacar a los indefensos.

Propuesta personal
Valor para afrontar las responsabilidades.

los arcángeles

Nemamiah otorga prosperidad en general y grandeza de alma.

los 72 ángeles
la luz del universo

58. Yeialel

Significa: «Dios que atiende las generaciones».

Esencia que aporta: Fortaleza mental.

Días de regencia: 19 de mayo; 2 de agosto; 15 de octubre; 26 de diciembre; 6 de marzo. Del 5 al 10 de enero.

Regencia zodiacal: 27° al 28° de Tauro; 9° al 10° de Leo; 21° al 22° de Libra; 3° al 4° de Capricornio; 15° al 16° de Piscis; 15° al 20° de Capricornio.

La persona nacida bajo su influencia

Yeialel otorga a sus protegidos la fortaleza mental para que sepan afrontar las distintas situaciones de la vida sin dejarse arrastrar por la pasión, la cólera o el sentimentalismo. Son, por tanto, individuos que buscan la justicia y el rigor, lo cual les lleva a evitar en lo posible los lazos sentimentales que puedan suponerles una dependencia y les impediría su evolución. Se trata de personas que se rigen por la lógica y que desean en todo momento pensar y actuar con franqueza lo cual hará que otras personas intenten perjudicarles.

Lo que otorga

- Curación de las enfermedades, especialmente el mal de ojo.
- Combate la tristeza.
- Confusión de los malvados.
- Aporta soluciones lógicas a los problemas concretos de la vida.

los 72 ángeles, seres de luz que te acompañarán toda tu vida

los arcángeles

Yeiaiel combate la tristeza y aporta soluciones lógicas a los problemas de la vida.

los 72 ángeles
la luz del universo

- Protege contra la cólera y el deseo de acabar con todo.

Propuesta personal
Vencer lo que podría llevarnos a la destrucción.

156

59. Harahel

Significa: «Dios que conoces todas las cosas».
Esencia que aporta: Riqueza intelectual.
Días de regencia: 20 de mayo; 3 de agosto; 16 de octubre; 27 de diciembre; 7 de marzo. Del 11 al 15 de enero.
Regencia zodiacal: 28° al 29° de Tauro; 10° al 11° de Leo; 22° al 23° de Libra; 4° al 5° de Capricornio; 16° al 17° de Piscis; 20° al 25° de Capricornio.

La persona nacida bajo su influencia

Harahel es el ángel que otorga una inteligencia elevada, activa, positiva y equilibrada. Ahora bien la riqueza intelectual se le otorgará al influido por esta esencia en la medida en que él sepa compartir y comunicar. Si dicha comunicación no se produce tendrá lugar el estancamiento intelectual. Además Harahel es un aliado en la lucha contra la esterilidad de las mujeres (el período de tiempo idóneo para la fecundidad se sitúa entre las 19,20 y las 19,40 horas, los veinte minutos en los que diariamente rige Harahel).

Harahel aporta también una relación de entendimiento y buena armonía entre padres e hijos. Este ángel domina en personas dedicadas al comercio y que trabajan en transacciones económicas (agentes de bolsa).

Lo que otorga
- Actúa contra la esterilidad de las mujeres.
- Sumisión y obediencia de los hijos hacia sus padres.

- Buena administración de los fondos públicos y descubrimiento de tesoros.
- Ayuda en la difusión de obras literarias y en las operaciones de bolsa.
- Protege contra la bancarrota y las dilapidaciones económicas.

Propuesta personal

Afán de servir y administrar adecuadamente los bienes.

60. Mitzrael

Significa: «Dios que consuela a los oprimidos».

Esencia que aporta: Reparación.

Días de regencia: 21 de mayo; 4 de agosto; 17 de octubre; 27 de diciembre; 8 de marzo. Del 16 al 20 de enero.

Regencia zodiacal: 29º al 30º de Tauro; 11º al 12º de Leo; 23º al 24º de Libra; 5º al 6º de Capricornio; 17º al 18º de Piscis; 25º al 30º de Capricornio.

La persona nacida bajo su influencia

Si se sufren dificultades en las relaciones entre padres e hijos Mitzrael puede resolverlos. Estas dificultades pueden venir provocadas por alguna discapacidad mental o por una inteligencia mermada por algún motivo.

Lo que otorga

- Cura las enfermedades mentales.
- Libera de los que nos persiguen.
- Fidelidad y obediencia de los subordinados hacia los superiores.
- Reconocimiento del talento por parte de la sociedad.
- Protege contra las insubordinaciones y concede larga vida.

Propuesta personal

Ser ejemplo de virtudes.

61. Umabel

Significa: «Dios por encima de todas las cosas».

Esencia que aporta: Afinidad y amistad.

Días de regencia: 22 de mayo; 5 de agosto; 18 de octubre; 28 de diciembre; 9 de marzo. Del 21 al 25 de enero.

Regencia zodiacal: 0° al 1° de Géminis; 12° al 13° de Leo; 24° al 25° de Libra; 6° al 7° de Capricornio; 18° al 19° de Piscis; 0° al 5° de Acuario.

La persona nacida bajo su influencia

Umabel es el ángel de las conexiones y, por lo tanto, el ángel de las afinidades entre personas y de las fuertes amistades. Los influidos por él son personas amantes de desentrañar los misterios de la naturaleza lo cual les lleva a tener facilidad para curar mediante las hierbas, la fitoterapia o los talismanes. A través de este descubrimiento de la naturaleza estas personas llegan también al descubrimiento del mundo espiritual. Pero en ocasiones conviene que no se obsesionen con el descubrimiento de lo externo y se centren en el descubrimiento de lo interno. Son personas amantes de los placeres honestos como el orden, el trabajo, o el arte. Su corazón es sensible por lo que sus experiencias amorosas serán causa de dolor y tristeza y melancolía.

Lo que otorga

- Conseguir la amistad de una persona.
- Aprendizaje fácil de la astrología y las ciencias físicas.

- Consuelo en las penas de amor.
- Viajes agradables y provechosos.
- Protege contra el libertinaje y las pasiones contrarias al orden de la naturaleza.

Propuesta personal
Vencer la tendencia al libertinaje.

los 72 ángeles, seres de luz que te acompañarán toda tu vida

los arcángeles

Umabel ofrece consuelo en las penas de amor y ayuda a conseguir la amistad de una persona.

los 72 ángeles

la luz del universo

los 72 ángeles, seres de luz que te acompañarán toda tu vida

los arcángeles

Iah-Hel ayuda a quienes desean retirarse del mundo para filosofar.

los 72 ángeles

la luz del universo

62. Iah-Hel

Significa: «Ser Supremo».
Esencia que aporta: Afán de saber.
Días de regencia: 23 de mayo; 6 de agosto; 19 de octubre; 29 de diciembre; 10 de marzo. Del 26 al 30 de enero.
Regencia zodiacal: 1º al 2º de Géminis; 13º al 14º de Leo; 25º al 26º de Libra; 7º al 8º de Capricornio; 19º al 20º de Piscis; 5º al 10º de Acuario.

La persona nacida bajo su influencia

Los influidos por este ángel poseen un enorme deseo de desprenderse del mundo terrenal y poder contemplar y conocer el mundo supremo, el mundo de las creaciones (cabalistas) o el mundo astral (teósofos). Su principal motor es, sin duda, el deseo de saber. Son personas que gustan de la tranquilidad y la soledad sin que por ello abandonen sus obligaciones. A pesar de sus conocimientos destacan por su modestia y sus virtudes. Probablemente no sean personas de éxito social o de triunfo material pero su riqueza en sabiduría es extraordinaria.

Lo que otorga

- Evidencia interna de la verdad.
- Ayuda a retirarse del mundo para filosofar.
- Buen entendimiento entre cónyuges.
- Procura la tranquilidad y la soledad tras haber cumplido con sus obligaciones cotidianas.
- Protege contra el escándalo, el lujo y el divorcio.

Propuesta personal

Vencer el impulso que nos lleva a la separación.

63. Anauel

Significa: «Dios infinitamente bueno».
Esencia que aporta: Percepción de la unidad.
Días de regencia: 24 de mayo; 7 de agosto; 20 de octubre; 30 de diciembre; 11 de marzo. Del 31 enero al 4 de febrero.
Regencia zodiacal: 2° al 3° de Géminis; 14° al 15° de Leo; 26° al 27° de Libra; 8° al 9° de Capricornio; 20° al 21° de Piscis; 10° al 15° de Acuario.

La persona nacida bajo su influencia

Los influidos por este ángel se sienten en todo momento miembros de la macrocomunidad del universo de modo que superan claramente la separación impuesta por la religión, la raza o el lugar geográfico. Ellos perciben con claridad la Unidad fundamental. Esta visión unitaria del cosmos facilita que sean personas con deseos de propagar la espiritualidad con el fin de instaurar una religión unitaria.

Además Anauel previene contra posibles accidentes, colabora para conservar la salud y curar las enfermedades en el caso de que estas sobrevengan. La visión de unidad lleva a los influidos por Anauel a no ser cerrados sino a estar abiertos a cualquier otra visión o propuesta y de ahí que para ellos sea fundamental la comunicación y el intercambio.

Lo que otorga
- Inspirar el cristianismo.
- Protege contra los accidentes.

los 72 ángeles, seres de luz que te acompañarán toda tu vida

- Conserva la salud y cura las enfermedades.
- Favorece las prácticas comerciales y bancarias.
- Protege de la locura, la prodigalidad y la ruina.

Propuesta personal
Superar las malas conductas.

los arcángeles

Anauel protege contra los accidentes, conserva la salud y sana las enfermedades.

64. Mehiel

Significa: «Dios que vivifica todas las cosas».

Esencia que aporta: Vivifica y consigue materializar los impulsos.

Días de regencia: 25 de mayo; 8 de agosto; 21 de octubre; 31 de diciembre; 12 de marzo. Del 5 al 9 de febrero.

Regencia zodiacal: 3º al 4º de Géminis; 15º al 16º de Leo; 27º al 28º de Libra; 9º al 10º de Capricornio; 21º al 22º de Piscis; 15º al 20º de Acuario.

La persona nacida bajo su influencia

Mehiel es el ángel que nos aporta la fuerza para que los impulsos sean vividos de modo interior o privado y no lleguen a afectar a otras personas.

Luego esta esencia nos protege contra los instintos desbocados. Se trata de una esencia que domina sobre profesores, sabios, autores y comunicadores y su influencia se extiende a cuantos están relacionados con trabajos sobre imprenta o sobre libros.

Lo que otorga

- Protege contra el asalto de los instintos y las fuerzas infernales.
- Inspiración para escribir libros, y facilita su difusión.
- Conseguir la fama en el terreno de la literatura.
- Triunfo en negocios de imprenta y librería.
- Protege contra el influjo de los falsos sabios.

Propuesta personal

Instruir sobre la verdad.

ÁNGELES

Ángeles al servicio de Yesod: Fundamento

El coro de los ángeles es numerosísimo y aunque su categoría sea distinta de la de los arcángeles, ambos se asemejan en cuanto a su misión. Pero quizá por ser inferiores a los arcángeles, los ángeles están más cercanos al hombre y son más propensos a escuchar las súplicas humanas y a llevar sus peticiones ante Dios.

Entre los ángeles están los ángeles guardianes o ángeles custodios, esto es, ángeles que tienen a su cargo el cuidado atento de un alma humana concreta a la que guían y miman continua e incansablemente. El 2 de octubre es la fecha dedicada a los ángeles guardianes para que así los hombres podamos presentar nuestro agradecimiento a estos ángeles-amigos ángeles siempre cercanos y siempre dispuestos.

La devoción popular ha dedicado gran cantidad de oraciones al ángel de la guarda, plegarias sencillas que quizá con los años adquieren una gran relevancia y que millones de personas rezan al levantarse por la mañana, en

Los ángeles custodios están encargados del cuidado atento de un alma humana en concreto.

los 72 ángeles

la luz del universo

los 72 ángeles, seres de luz que te acompañarán toda tu vida

algún que otro momento del día y al acostarse por la noche. He aquí algunas de estas oraciones:

*Ángel Santo de la guarda,
fiel compañero de mi vida,
no me desampares, ni de noche ni de día.*

*Ángel de Dios,
bajo cuyo cuidado me encomendó Dios,
alúmbrame, guárdame, gobiérname
y rige todas mis acciones.*

los ángeles

*Ángel Santo que velas por mi alma
no dejes que el mal espíritu se acerque a mí
y dirígeme poderoso preservándome de todo mal.*

Oraciones para invocar a los ángeles de la guarda.

*Ángel de la paz, ángel de la guarda,
mi defensor y mi centinela,
te doy gracias porque has librado a mi cuerpo
y a mi alma de muchos males.
Gracias te doy también porque cuando duermo velas
por mí y me encaminas susurrándome al oído
santas inspiraciones.*

Los ocho ángeles son

65. Damabiah	66. Manakel
67. Eyael	68. Habuhiah
69. Rochel	70. Jabamiah
71. Haiaiel	72. Mimiah

los 72 ángeles

la luz del universo

65. Damabiah

Significa: «Dios Fuente de Sabiduría».
Esencia que aporta: Fuente de sabiduría.
Días de regencia: 26 de mayo; 9 de agosto; 22 de octubre; 1 de enero; 13 de marzo. Del 10 al 14 de febrero.
Regencia zodiacal: 4º al 5º de Géminis; 16º al 17º de Leo; 28º al 29º de Libra; 10º al 11º de Capricornio; 22º al 23º de Piscis; 20º al 25º de Acuario.

La persona nacida bajo su influencia

Damabiah es fuente de sabiduría pero de sabiduría que mantiene equilibrio con el amor de modo que posibilita el ser sabio y, a la vez, ser capaz de renunciar a si mismo para dedicarse a los demás. Si esta esencia es bien canalizada entonces puede vivirse una vida fácil y llena de éxitos especialmente en los trabajos relacionados con el mar, el río o la pesca.

Lo que otorga

- Protege contra los sortilegios.
- Protección contra los naufragios (tanto morales como materiales).
- Éxito en las empresas relacionadas con el mar.
- Descubrimiento que puede valer una fortuna.
- Protege contra las empresas desgraciadas.

Propuesta personal

Dirigir los sentimientos hacia cosas elevadas.

66. Manakel

Significa: «Dios que secunda y mantiene todas las cosas».
Esencia que aporta: Distinción y conocimiento del bien y del mal.
Días de regencia: 27 de mayo; 10 de agosto; 23 de octubre; 2 de enero; 14 de marzo. Del 15 al 19 de febrero.
Regencia zodiacal: 5° al 6° de Géminis; 17° al 18° de Leo; 29° al 30° de Libra; 11° al 12° de Capricornio; 23° al 24° de Piscis; 25° al 30° de Acuario.

La persona nacida bajo su influencia

Las personas que viven bajo la influencia de Manakel tendrán la capacidad de discernir en todo momento entre el bien y el mal, el camino correcto y el erróneo lo cual hace que estas personas estén verdaderamente adornadas por cualidades y virtudes tanto materiales como espirituales.

Lo que otorga

- Calmar la cólera de Dios.
- Liberarnos de los sentimientos de culpa.
- Ayuda contra el insomnio.
- Conseguir la amistad de personas bondadosas.
- Protege contra las malas cualidades físicas y morales.

Propuesta personal

Vencer las malas cualidades del cuerpo y del alma.

67. Eyael

Significa: «Dios, delicia de los niños y de los hombres».

Esencia que aporta: Transubstanciación.

Días de regencia: 28 de mayo; 11 de agosto; 24 de octubre; 3 de enero; 15 de marzo. Del 20 al 24 de febrero.

Regencia zodiacal: 6° al 7° de Géminis; 18° al 19° de Leo; 0° al 1° de Escorpio; 12° al 13° de Capricornio; 24° al 25° de Piscis; 0° al 5° de Piscis.

La persona nacida bajo su influencia

La transubstanciación es la conversión no externa sino interna de algo; lo que se transmuta no es su forma sino la misma sustancia. De ahí que esta esencia se dé especialmente entre astrólogos, filósofos y físicos que trabajan con las esencias de las cosas y las combinan para lograr otras. Eyael domina sobre los cambios en el modo de pensar, sentir o actuar. Las personas que se encuentran bajo su influjo desean con frecuencia un tiempo de retiro que les permita entregarse a la reflexión.

Lo que otorga

- Consuelo en la adversidad.
- Iluminación por el espíritu de Dios.
- Distinciones en el conocimiento de la astrología, física y filosofía.
- Longevidad.
- Protege contra el error y los prejuicios.

Propuesta personal

Liberarse de las servidumbres materiales.

68. Habuhiah

Significa: «Dios que da con liberalidad».
Esencia que aporta: Salud y curación.
Días de regencia: 29 de mayo; 12 de agosto; 25 de octubre; 4 de enero; 16 de marzo. Del 25 de febrero al 1 de marzo.
Regencia zodiacal: 7º al 8º de Géminis; 19º al 20º de Leo; 1º al 2º de Escorpio; 13º al 14º de Capricornio; 25º al 26º de Piscis; 5º al 10º de Piscis.

La persona nacida bajo su influencia

Quienes estén influidos por Habuhiah saben vivir en armonía con la Naturaleza, siendo amantes de los espacios naturales abiertos, por lo que son capaces de sanar con medios naturales. En su momento sabrán equilibrar su cuerpo. Este ángel domina sobre la fecundidad referida ésta no sólo a la descendencia sino también a la fecundidad en cuanto a producción.

Lo que otorga

- Sanación de enfermedades.
- Fecundidad en las mujeres.
- Cosechas abundantes.
- Amor por el campo, los espacios libres, la agricultura y la jardinería.
- Protege contra los parásitos, las enfermedades del campo y la esterilidad.

Propuesta personal

Que la fe pueda mover montañas.

69. Rochel

Significa: «Dios que lo ve todo».
Esencia que aporta: Restitución.
Días de regencia: 30 de mayo; 13 de agosto; 26 de octubre; 5 de enero; 17 de marzo. Del 2 al 6 de marzo.
Regencia zodiacal: 8° al 9° de Géminis; 20° al 21° de Leo; 2° al 3° de Escorpio; 14° al 15° de Capricornio; 26° al 27° de Piscis; 10° al 15° de Piscis.

La persona nacida bajo su influencia

Rochel es el ángel que nos coloca en situaciones de la vida en las que debemos recuperar algo que perdimos o que nos fue sustraído y nos pertenecía legítimamente. Rochel nos posibilita el conocimiento de lo que es nuestro y de lo que no lo es, tanto en lo material como en lo espiritual. Rochel nos otorga los medios para esta recuperación, de ahí que sea un ángel idóneo para todo lo referente a reparto de fortunas, sucesiones y herencias.

Lo que otorga

- Encontrar objetos perdidos o robados.
- Renombre, fortuna, obtención de legados.
- Destacar en el campo de la abogacía.
- Conocimiento y costumbre de los pueblos.
- Protege contra la ruina de las familias y el despojo testamentario.

Propuesta personal

Transmutar los antiguos odios y rencores en amores desinteresados.

70. Jabamiah

Significa: «Verbo que produce todas las cosas».
Esencia que aporta: Transmutación y alquimia.
Días de regencia: 31 de mayo; 14 de agosto; 27 de octubre; 6 de enero; 18 de marzo. Del 7 al 11 de marzo.
Regencia zodiacal: 9º al 10º de Géminis; 21º al 22º de Leo; 3º al 4º de Escorpio; 15º al 16º de Capricornio; 27º al 28º de Piscis; 15º al 20º de Piscis.

La persona nacida bajo su influencia

Jabamiah es el ángel o esencia de la alquimia ya que es el que permite transmutar los metales. Así como en el metal se encuentra de algún modo escondido o potencialmente el oro alquímico, así los influidos por este ángel son personas potencialmente maravillosas. De ahí que Jabamiah sea el ángel al que debemos acudir cuando alguien tiene fervientes deseos de regenerarse y restablecer la armonía y el equilibrio rotos.

Lo que otorga

- Todo se puede obtener de él.
- Regeneración de las naturalezas corrompidas.
- Recuperación de los derechos perdidos.
- Convertirse en unas de las primeras luces de la filosofía.
- Protege contra la tentación de propagar doctrinas erróneas.

Propuesta personal

Limpiar y purificar las tendencias corruptas.

71. Haiaiel

Significa: «Dios dueño del Universo».
Esencia que aporta: Armas para el combate.
Días de regencia: 1 de junio; 15 de agosto; 28 de octubre; 7 de enero; 19 de marzo. Del 12 al 16 de marzo.
Regencia zodiacal: 10° al 11° de Géminis; 22° al 23° de Leo; 4° al 5° de Escorpio; 16° al 17° de Capricornio; 28° al 29° de Piscis; 20: al 25: de Piscis.

La persona nacida bajo su influencia

Haiaiel es el ángel que nos otorga los medios o las armas necesarias para vencer la lucha contra nuestros enemigos internos. Haiaiel busca otorgar los medios para conseguir la paz y la victoria.

Lo que otorga

- Confusión de los malvados y liberación de los que quieren oprimirnos.
- Protege a todos lo que recurren a Él, les da la victoria y la paz.
- Energía para la lucha diaria.
- Distinciones por el valor, el talento y la actividad.
- Protege contra la discordia y las tendencias a la traición.

Propuesta personal

Ser capaz de perdonar las ofensas de los demás.

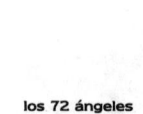

72. Mumiah

Significa: «Fin de todas las cosas».
Esencia que aporta: Fin y renacimiento.
Días de regencia: 2 de junio; 16 de agosto; 29 de octubre; 8 de enero; 20 de marzo. Del 17 al 21 de marzo.
Regencia zodiacal: 11º al 12º de Géminis; 23º al 24º de Leo; 5º al 6º de Escorpio; 17º al 18º de Capricornio; 29º al 30º de Piscis; 25º al 30º de Piscis.

La persona nacida bajo su influencia

Mumiah es el ángel encargado de cerrar progresivamente una etapa o ciclo y dar comienzo al nuevo. Los influidos por este ángel son personas que saben cuándo tienen que cerrar una etapa o una situación importante de su vida y dar comienzo a un nuevo período. Mumiah protege por ejemplo las operaciones de cierre de una empresa o una situación de reorganización. Mumiah domina sobre la física y la química y de modo muy especial sobre la medicina, terreno en el que pueden destacar los influidos por él. Las personas de Mumiah están capacitadas para terminar y llevar a buen puerto todo aquello que se proponen.

Lo que otorga

- Hacer que toda experiencia llegue a sus últimas consecuencias.
- Distinguirse en la medicina y conseguir curas maravillosas.
- Desvela secretos de la naturaleza que harán la felicidad de los hombres en la tierra.

- Vida larga y llena de realizaciones prodigando cuidados y alivio a los pobres y enfermos.
- Protege contra el desespero y las tendencias suicidas.

Propuesta personal

Ser capaz de renovarse.

los 72 ángeles, seres de luz que te acompañarán toda tu vida

los ángeles

Mumiah nos protege de la desesperación.

los 72 ángeles

la luz del universo

Epílogo

Ahora, lector amigo, ya conoces algo más acerca de los ángeles. Sin embargo, el conocimiento intelectual sólo es un primer paso para comenzar el camino espiritual. Ya sabes quién es tu ángel, y cómo invocarle. Ahora, deja que él entre en tu vida. Trata a tu ángel, trátalo como si fuera un amigo de la infancia, un amigo entrañable, un amigo al que conoces bien y que te conoce. No temas y deja que te inunde con su luz divina; él te acompañará y guiará en todos y cada uno de los asuntos de tu vida diaria: la vida profesional, tus relaciones con los demás, tus dudas y anhelos, preocupaciones y dificultades, tu vida sentimental o conyugal. Todo lo inundará y tu vida quedará completamente transformada y verás nuevos horizontes que harán de ti un Ser Nuevo lleno de paz, alegría y esperanza.

Una buena relación con los ángeles presupone una mayor apertura espiritual, una mayor disponibilidad para aceptar a los demás y para entendernos mejor a nosotros mismos. Un pensamiento por la mañana, una sonrisa, una pequeña plegaria pueden ser suficientes para hacer

Una buena relación con los ángeles predispone a una mayor apertura espiritual y disponibilidad de aceptar y entender a los demás.

los 72 ángeles

la luz del universo

los 72 ángeles

distinta nuestra jornada y para hacernos sentir más serenos y confiados: más conscientes de que no estamos solos y de que no lo hemos estado nunca.

epílogo

Amados Ángeles, pétalos de la Flor Divina,
queremos honraros, seres de amor por la Madre Tierra
que nos cobija con cada color y cada estación.

Deseamos expresar gratitud y dulzura
a vosotros, Ángeles solares de la Voluntad celestial,
que penetráis nuestro corazón para convertirnos
en un recién nacido angelical, en la fusión
de la naturaleza y el espíritu,
con la Energía estimulante de un nuevo ser iluminado.

Renacemos gracias a vuestra realidad universal
para incorporarnos a una Nueva Era de Amor
y Conocimiento.

Que seáis el pilar que sostenga el Árbol de la Vida,
y desterréis la esclavitud, la opresión y la tiranía
de los que aún no han renacido.

Ahora y para siempre.

Bibliografía

BRUNELLI: «Angeli dalla faccia nota» en *Il Giornale*, n° 14 de 19 de octubre de 1995.

CABEZA, MARTA: *Día a día con los ángeles*, Ed. Ánguelo, Barcelona, 1997.

CORBIN, HENRI: *El encuentro con el ángel*, Trotta, Madrid, 2001.

—— *El hombre y su ángel. Iniciación y caballería espiritual*, Destino, Colección Ensayos n° 24, Barcelona, 1994.

DEMBECH, GIUDITTA: *El gran libro de los ángeles*, Ediciones Obelisco, Barcelona, 1996.

El libro de Henoch, Prol. y notas de Julio Peradejordi, Ediciones Obelisco, Barcelona, 2003.

El Evangelio según Tomás, Ediciones Obelisco, Barcelona, 2004.

FREEMAN, HEILEN ELIAS: *Ángeles que curan*, Ediciones Obelisco, Barcelona, 1995.

—— *Encuentros con los ángeles*, Ediciones Obelisco, Barcelona, 1999.

GODWIN, MALCOLM: *Ángeles. Una especie en peligro de extinción*, Robin Book, 1991.

LAWSON, JACK: *El libro de los ángeles*, Ediciones Obelisco, Barcelona, 1995.

RAVASI: «Tornano gli angeli. Ma chi li conoce?», en *Corriere della Sera*, n° 21 de 28 de enero de 1996.

MYRIAM: *Oraciones del ángel de la presencia*, Ediciones Obelisco, Barcelona, 1999.

SOLARA: *Cómo invocar a tu ángel celestial*, Ediciones Obelisco, Barcelona, 2000.

—— *Los ángeles. Los doce pasos para unirte con tu Ángel Dorado,* Ediciones Obelisco, Barcelona, 1999.

STEINER, RUDOLF, *Los ángeles y el cuerpo astral*, Ediciones Obelisco, Barcelona, 2004.

TAYLOR, TERRY LYNN: *La experiencia angélica*, Ediciones Obelisco, Barcelona, 2003.

Zohar. El libro del esplendor, Ediciones Obelisco, 3ª edición, Barcelona, 2004.

Índice

PRESENTACIÓN 9
   Los ángeles: un denominador común de todas
     las religiones del mundo 9
   El por qué y el para qué de este libro 13

PRIMERA PARTE
Los ángeles. Cómo llegar a conocerlos, sentirlos y amarlos

1. ¿QUÉ SON LOS ÁNGELES? 19
   La misión de los ángeles es cuidar y velar por
     el hombre 23

2. ¿CUÁNTOS ÁNGELES EXISTEN? 25
   Los 72 ángeles de la cábala 26
   La clasificación de los 72 ángeles 28

3. EL ÁRBOL DE LA VIDA 37
   La angelología de la comunidad esenia 37
   El árbol de las 10 sefirot de la cábala judía 40

4. Los ángeles: seres luminosos llenos de amor
   por el hombre 43

5. Contactar y conocer a tu propio ángel 45
   Reflexión 1 48

6. Para conocer tu ángel 51
   Tablas según la fecha de nacimiento 51
   Consejos para la comunicación y visualización 53
   Oraciones 55

7. ¿Qué pueden hacer los ángeles por ti y por mí? 59
   Reflexión 2 61
   La misión de los ángeles es cuidar y velar
   por el hombre 61

Segunda Parte
Los 72 ángeles. Seres de Luz que te acompañarán toda tu vida

Serafines 67
    1. Vehuiah. 2. Jeliel. 3. Sitael. 4. Elemiah.
    5. Mahasiah. 6. Lelahel. 7. Achaiah. 8. Cahetel.

Querubines 79
    9. Haziel. 10. Aladiah. 11. Lauviah. 12. Hahaiah. 13. Iezalel. 14. Mebael. 15. Hariel. 16. Hekamiah.

Tronos 91
    17. Lauviah. 18. Caliel. 19. Leuviah. 20. Pahaliah. 21. Nelkael. 22. Yeiayel. 23. Melahel. 24. Haheuiah.

Dominaciones 103
    25. Nith-Haiah. 26. Haaiah. 27. Yerathel. 28. Seheia. 29. Reiyel. 30. Omael. 31. Lecabel. 32. Basaría.

Potestades 115
    33. Yehuiah. 34. Lehahiah. 35. Chavakiah. 36. Menadel. 37. Aniel. 38. Haamiah. 39. Rehael. 40. Ieiazel.

Virtudes 127
    41. Hahahel. 42. Mikael. 43. Veuliah. 44. Ylahiah. 45. Sealiah. 46. Arial. 47. Asaliah. 48. Mihael.

Principados 139
    49. Vehuel. 50. Daniel. 51. Hahasiah. 52. Imamiah. 53. Nanael. 54. Nithael. 55. Mebahiah. 56. Poyel.

Arcángeles 151
    57. Nemamiah. 58. Yeialel. 59. Harahel. 60. Mitzrael. 61. Umabel. 62. Iah-Hel. 63. Anauel. 64. Mehiel

Ángeles 167
    65. Damabiah. 66. Manakel. 67. Eyael. 68. Habuhiah. 69. Rochel. 70. Jabamiah. 71. Haiaiel. 72. Mimiah.

Epílogo 179
Bibliografía 183